Vladimir Tello

POLÍTICA
CON LIMÓN Y SAL

Instituto de
Investigaciones Políticas y
Gubernamentales A.C.

Política con limón y sal
Jordan Vladimir Tello Ibarra

Cita:
Tello, V. (2024). Política con limón y sal. Primera Edición.

Registro Público del Derecho de Autor
Número de Registro: 03-2024-103113260500-07
Ciudad de México, 04 de noviembre de 2024
Primera edición

ISBN
978-607-29-6294-1

Coordinación editorial:

Instituto de Investigaciones
Políticas y Gubernamentales A.C.

Cometarios sobre la edición y el contenido de este libro:
iipg.ac.nay@gmail.com

ÍNDICE

Presentación

"¡En la mesa no se habla de política!" es una frase común...

¿Es tan mala la política? ¿Es una frase era para evitar conflictos? ¿A la gente le aburre el tema o simplemente no lo comprende? Creo que no hablar de política a tiempo fue el origen de muchos grandes problemas en el país, ¿Cómo actuar sobre algo que desconocemos o no sabemos cómo funciona?

No discutir sobre política ni participar en ella nos convierte en cómplices e indiferentes ante lo que ocurre diariamente en nuestra comunidad y en nuestro entorno.

Tampoco recuerdo haber hablado de política en la escuela, ni haber visitado (o tan siquiera conocer) a mi diputado para conocer su trabajo como representante popular. Los libros sobre política me parecían confusos y las noticias en la televisión se sentían como una interminable lista de problemas. La política no tiene buen sabor, ni suena agradable.

¿Será por eso que a muchas personas no les gusta la política? Yo sostengo que ese disgusto es por la alta corrupción en la que hemos vivido, porque nos enoja el enriquecimiento de los políticos y, además, porque no vemos mejoras en nuestro entorno, solo discursos, promesas y poses de funcionarios para buenas fotografías.

También ese disgusto se debe a que muy poco nos han enseñado de la política, en la mesa preferimos hablar de otros temas, en la escuela no se le da tanta importancia (o ninguna), o cuando evitamos profundizar en un tema o problema social, solemos decir: "¡Es culpa de la política!" para cambiar de conversación. Incluso hay una frase que promueve la armonía en las charlas: "Aquí no se habla de fútbol, de política ni de religión.

Sin embargo, tengo una hipótesis: si a la gente no le gusta la política, nunca cambiará la manera en que se lleva a cabo, no porque no quiera, sino porque no comprende qué es, cómo se realiza y "de qué va". Por eso, empezar a entenderla es un primer y crucial paso hacia los cambios deseados. Dicen "los que saben" que el conocimiento es la clave del cambio. Este libro busca, de forma sencilla y práctica, incentivar el interés por la política o, al menos, mitigar el disgusto hacia ella.

La política es tan fundamental que el filósofo Aristóteles la consideró la disciplina más importante de todas[1]. Gracias a "La Política", podemos vivir en una sociedad sin peleas ni violaciones a nuestros derechos; se trata de conciliación, acuerdos y la búsqueda de la paz. Además, es a través de la política que se garantiza que todos tengamos acceso a un buen empleo, a la educación y medicamentos cuando nos enfermamos. Si esto no ocurre, es porque faltan buenas políticas y gobiernos efectivos. Los románticos dicen que el objetivo de la política es la búsqueda de la felicidad y el bienestar colectivo.

A veces me han pedido la recomendación de un libro para "principiantes" que quieren iniciarse en el estudio de la política. Es casi imposible condensar en un solo libro todo lo que contempla la política, porque hay tanto de que hablar y reflexionar sobre ella desde diversas disciplinas: teoría política, historia, filosofía, economía, antropología, derecho, administración pública.

Este libro es un esfuerzo integrador que te ofrecerá conceptos, ejemplos, analogías, reflexiones y

[1] Política, libro tercero. Aristóteles.

comparaciones para ayudarte a comprender los elementos que rodean a la política.

A primera vista, el libro puede parecer denso, pero en realidad no lo es. En el primer capítulo, revisamos conceptos fundamentales sobre la política, la distinción entre el Estado y el gobierno, y los distintos tipos de gobierno y sus características. En el segundo capítulo, abordamos conceptos como el capitalismo, el socialismo y el comunismo, así como su influencia en la economía política y las formas de gobierno. Los últimos capítulos se centran en la cultura política participativa y aspectos gubernamentales esenciales, como la rendición de cuentas, la transparencia, la gestión administrativa, la administración pública y la evaluación del desempeño gubernamental. Asimismo, se discute la importancia del constitucionalismo, la división de poderes y los sistemas políticos comparados.

No buscamos que seas experto o experta con solo leer un libro, pero queremos despertar el interés en ti para comenzar a preguntar, indagar y explorar en el amplio universo de lo que implica y representa "la política" en nuestras vidas.

Vladimir Tello

Capítulo 1.
POLÍTICA, ESTADO Y GOBIERNO

1.1. Política: una palabra, múltiples significados

¿De qué hablamos al referirnos a la política? La palabra "política" se utiliza en exceso: todo se considera "política". Escuchamos expresiones como "su comunicación no fue política", "es la política empresarial", "la política escolar no permite ese uniforme" o "se dedica a la política".

En el idioma español, la palabra "política" hace referencia a una profesión o dedicarse a la política *"fulano es un político"*, también se refiere a una acción de gobierno *"es una política educativa para acabar con el analfabetismo"* y a las actividades humanas que tienen que ver con la organización para lograr fines colectivos *"juntemos firmas para que tapen el bache de la calle, debemos hacer política"*.

En inglés, la política se diferencia según el uso de términos como *"polity", "politics" y "policy"*. A continuación, veremos algunos ejemplos:

Polity: Abarca las concepciones comunes de la política, desde las funciones y acciones del Estado y del poder. Por ejemplo, "Los diputados discuten la política de seguridad pública". Es el ejercicio de las relaciones de poder en una comunidad política.

Politics: Los partidos políticos forman ciudadanos para ser candidatos, para que en un futuro sean los políticos del país. Los Diputados y el gobernador son políticos, es decir, la actividad política (política entendida como personas en un espacio de poder e influencia, la política como profesión).

Policy: El programa "Cero hambre" es una política pública (policy) para combatir la desnutrición infantil en las zonas serranas", la política como Políticas Públicas (política entendida como acción del gobierno).

Cuando hablamos de política en español, es fundamental proporcionar el contexto adecuado, de lo contrario, puede resultar confuso o difícil de entender. El problema es que a menudo desconocemos ese contexto y utilizamos el término de manera indiscriminada. Aunque la política se refiere, entre otras cosas, a la resolución de problemas públicos, el simple hecho de mencionarla puede llevarnos a prejuicios basados en las malas prácticas gubernamentales, como la corrupción, el abuso de poder, la impunidad, el peculado y el tráfico de influencias, de ahí el disgusto social por "la política".

Dicho de otra manera, en nuestro idioma, el español, es más complicado hablar de política porque no delimitamos exactamente a que nos referimos cuándo hablamos de ella, tenemos que descifrar su significado a partir del contexto en que se enuncia. Por ello, ¿De qué hablamos al hablar de política?

a) Relaciones de poder y/o de Estado "las elecciones van cambiar a los gobernantes, por ello las decisiones de todos definirán *la política*"
b) Personas que se dedican a la política "Ellas hacen/se dedican a *la política*"
c) Acciones de gobierno para atender asuntos públicos "*La política* de salud".

¿Es entonces la Política es una palabra homónima[2]? Así es. Mira la siguiente oración:

---

[2] Que o bien se escribe y se pronuncia o bien se pronuncia exactamente igual que otra, pero tiene distinto significado y distinta etimología.

> En español: "Camila es una política que trabaja en la política haciendo política"
>
> En Inglés: *Camila is a politician who works in politics doing policy*

Si la oración anterior la reordenamos utilizando la palabra "política" según su sentido, entonces diríamos: "Camila es profesionista de la política, trabaja en el gobierno haciendo estrategias para solucionar problemas públicos".

Entender que "política" tiene diferentes connotaciones y significados nos ayudaría a comenzar a diferenciar entre el uso de "política" como actividad humana vinculada al poder público y campo profesional, de "política" como una acción de gobierno orientada a resolver un problema público, y de "política" como todo aquellos que agrupa las actividades del Estado y del Gobierno.

Aunque no es una definición definitiva, se puede decir que la Política es una actividad humana para conducir de mejor manera a la sociedad para lograr un bienestar general. ¿parece imposible? Nadie dijo que hacer política fuera una tarea sencilla. Entonces...

1.2. ¿Para qué sirve la política?

De una manera muy simple, podemos afirmar que la política sirve para llegar a acuerdos, para buscar el bienestar colectivo, para conciliar y evitar los conflictos. En otras palabras, donde hay política se pretende la paz, la estabilidad, el bienestar e incluso hay quienes sostienen que la política es la vía para lograr la felicidad. Se lee sencillo, pero ello implica tareas complejas.

Pensemos en una pequeña comunidad: para que todos vivan en armonía llegan a acuerdos para respetar las leyes y las reglas; gracias a la política se construyen las reglas. De esa manera se puede vivir en armonía evitando los conflictos entre las personas que viven en una comunidad. Por el contrario, cuando no hay acuerdos, se producen tensiones e inestabilidades, que pueden ir desde peleas entre individuos hasta guerras entre naciones. La política como actividad humana nos permite negociar a partir de nuestros intereses para encontrar las mejores formas de convivencia, respetando los derechos de las partes y aspirando a mejores condiciones de vida.

También es a través de la política en la que se toman decisiones para intentar solucionar problemas o atender necesidades sociales, económicas, ambientales, laborales, educativas, científicas (entre otras). Todas las áreas de nuestras vidas tienen un componente político. En palabras de la célebre politóloga alemana Hannah Aarendt:

> La política, se dice, es una necesidad ineludible para la vida humana, tanto individual como social. Puesto que el hombre no es autárquico[3], sino que depende en su existencia de otros, el cuidado de ésta (política) debe concernir a todos, sin lo cual la convivencia sería imposible. Misión y fin de la política es asegurar la vida en el sentido más amplio.
>
> Es ella quien hace posible al individuo perseguir en paz y tranquilidad sus fines no importunándole, es completamente indiferente en qué esfera de la vida se sitúen dichos fines: puede tratarse, en el sentido antiguo, de posibilitar que unos pocos se ocupen de la filosofía o, en el sentido moderno, de asegurar a muchos el sustento y un mínimo de felicidad.

Hanna Arendt[4]
Fragmento del libro "¿Qué es la política"?

---

[3] autosuficiente o independiente

[4] Arendt, H. (1997). *¿Qué es la política?* Paidós.

1.3. La Política y Lo Político

No se trata de una distinción de los artículos "la/lo" por género masculino y femenino. En pocas palabras, la política hace referencia a la conciliación y lo político al conflicto. Veamos una conceptualización más profunda.

La primera (la política) hace referencia a los mecanismos, a las formas mediante las cuales se establece un orden, se organiza la existencia humana que siempre se presenta en condiciones conflictivas; la segunda (lo político) se refiere a una cualidad de las relaciones entre las existencias humanas y que se expresa en la diversidad de las relaciones sociales. (Díaz Gómez, 2003, P. 49)[5].

Dicho de otra manera: la diferenciación entre "lo político" y "la política" se basa en que "la política" hace referencia a las instituciones, procesos y actividades formales asociadas con la toma de decisiones y el ejercicio del poder en una sociedad. En contraste, "lo político" abarca un ámbito más

---

[5] Díaz Gómez, Á., (2003). Una discreta diferenciación entre la política y lo político y su incidencia sobre la educación en cuanto a la socialización política. Reflexión Política, 5(9) [fecha de Consulta 27 de Febrero de 2023]. ISSN: 0124-0781. Recuperado de: https://www.redalyc.org/articulo.oa?id=11000904

amplio, incluyendo dinámicas sociales, relaciones de poder y conflictos que no necesariamente están directamente ligados a las estructuras políticas formales.

La Política	Lo Político
Hace referencia al conjunto de actividades, procesos, instituciones y acciones relacionadas con el gobierno de un país, región o comunidad. Incluye la toma de decisiones, la administración de recursos públicos, la formulación de leyes y políticas, la participación ciudadana en la vida pública, entre otros aspectos.	Se refiere más a la dimensión teórica y conceptual de la política. Se enfoca en las relaciones de poder, las disputas ideológicas, los conflictos de intereses, las estrategias de influencia y las dinámicas sociales que subyacen en el campo político. Lo político también abarca el análisis de las estructuras de poder, las ideologías y las formas en que se ejerce el control o la influencia sobre las decisiones y acciones políticas.

1.4. Estado o Gobierno ¿Cuál es la diferencia?

El lenguaje y las palabras son fundamentales para ordenar nuestras ideas. Cuando tratamos cuestiones políticas, nos damos cuenta de que existe una gran confusión entre conceptos, y ese problema influye en nuestras concepciones sobre la política. Un ejemplo de esto es la diferencia entre hablar de 'gobierno' y 'Estado', que, aunque son conceptos relacionados, no significan lo mismo.

Generalmente escuchamos hablar sobre "El Gobierno" y "El Estado" de manera indiferente. Son otras palabras que suelen usarse como si se trataran de sinónimos. Aunque un Estado siempre tiene una forma de gobierno y todo gobierno es una forma en que se organiza el poder para dirigir un Estado, hay diferencias entre ambos conceptos. ¿Algo confuso? Empecemos por definir "Estado".

Uno de los conceptos más básicos para definir al Estado es la idea jurídica: "Conjunto de población en un territorio delimitado bajo una forma de gobierno".

Territorio* + *Población* + *Gobierno* = *Estado

Dicho de otra manera, el Estado constituye una entidad política abarcadora que incluye elementos como territorio, población, instituciones y gobierno. Por otro lado, el gobierno se configura como la parte específica del estado investida de autoridad para tomar decisiones y administrar los asuntos públicos.

Entonces, ¿qué es el Estado? Es la formalización de una autoridad permanente y pública que domina por el interés general un espacio territorial cerrado y a las personas que en él viven[6].

El Gobierno es un elemento del Estado y se puede entender como la manera en que se organiza y constituye el Estado, "régimen" le llama la teoría a la forma de gobierno. Por ello existen documentos muy importantes para los Estados, que suelen llamarse "Constituciones Políticas", pues ahí se expresa claramente la manera en que se Constituye un Estado, su forma de gobierno (su régimen), entre muchas otras características que puedes leer más

---

[6] Martínez Puón, Rafael. (2011). El péndulo del Estado: la vuelta a los fundamentos de su intervención. *Revista mexicana de ciencias políticas y sociales*, *56*(213), 71-92. Recuperado en 16 de octubre de 2024, de http://www.scielo.org.mx/scielo.php?script=sci_arttext&pid=S0185-19182011000300004&lng=es&tlng=es.

adelante. En el cine animado podemos ver ejemplos muy prácticos:

"El Rey León" de Disney es una película que, si la volvemos a mirar desde las gafas políticas, podremos comprender la figura del Estado: el territorio es *Pride Lands* (Tierras del Reino), la población son los animales que viven en él, y el gobierno es una monarquía, es decir, un rey: el Rey León[7]. Otra Película animada es "Bichos, una aventura en miniatura" (A bug life), en ella podemos ver la trama alrededor de una colonia de hormigas (población) que viven en una isla (territorio) y están bajo el régimen de una Reina (Monarquía como forma de gobierno)[8].

Regresando al tema del Estado, ¿Entonces los países como Argentina y México son Estados? Sí, ambos son Estados con características propias y también diferentes. Su territorio es diferente, su número y distribución de población es diferente; y su gobierno puede tener similitudes, pero cada uno organiza su Estado según su historia, sus ideas, principios, ideologías, leyes y un largo etcétera.

---

[7] Minkoff, R., & Allers, R. (Directores). (1994). *El rey león [Película]*
[8] Lasseter, J., y Stanton, A. (Directores). (1998). *Bichos [Película]*

Si nos vamos muy atrás en la Historia, por ejemplo, los griegos desarrollaron una entidad política denominada "polis", es decir una comunidad integrada por un conjunto de hombres que residían en un territorio y que constituía una entidad autosuficiente, regida por un gobierno. La política era lo perteneciente a la *polis o ciudad*[9], por ello podemos decir que la política es lo perteneciente y relacionado al Estado.

Los romanos, por ejemplo, en alguna parte de su historia con influencia griega, organizaban su Estado a partir de un gobierno en forma de "República", en dónde el "Emperador", el "Senado" y las "magistraturas" tomaran las decisiones para conducir la vida de las personas que habitaban el territorio del Imperio Romano con ayuda de otras entidades políticas, como los consulados, tribunales, las asambleas civiles, etcétera. ¿te suenan esos nombres? Sí, la historia política romana tiene fuerte influencia en nuestras leyes y política actual.

No entraremos a profundidad en los detalles políticos de las antiguas civilizaciones, la intención es conocer

---

[9] Bracamonte E., Eduardo. (2002). Política, Estado y gobierno. *Revista Ciencia y Cultura*, (10), 73-78. Recuperado en 19 de septiembre de 2022, de http://www.scielo.org.bo/scielo.php?script=sci_arttext&pid=S2077-33232002000100009&lng=es&tlng=es.

que, en el desarrollo histórico, los Estados han tenido diferentes formas de gobernarse y a su vez han influenciado a otros Estados en sus ideas políticas.

Pero, ¿Qué sucedería si no hay Estado? ¿es posible hablar de política sin un Estado? Desde la filosofía política y la sociología política, se han plateado teorías que señalan que cuando no existe el Estado, surge el caos, el conflicto, la inseguridad, el crimen e incluso la guerra. El Estado tiene la función de proteger la vida y los derechos de las personas, por medio de acciones y decisiones para garantizar el orden, la paz y la justicia.

Películas como "La Purga" presentan una trama en la que se exponen la ausencia temporal del Estado, permitiendo la violencia y el crimen durante un período limitado. En este escenario, el Estado renuncia temporalmente al monopolio de la violencia legítima y concede permiso para cometer delitos. La narrativa pone de manifiesto cómo la falta de presencia estatal, que normalmente regula y sanciona la transgresión de normas, genera un espacio donde las instituciones encargadas de mantener el orden desaparecen, lo que abre paso al caos[10].

---

[10] DeMonaco, J. (Director). (2013). *La Purga [Película]*

Una teoría clásica que explica la función del Estado es la del "Leviatán" de Thomas Hobbes[11]. Según Hobbes, los seres humanos son egoístas y conflictivos por naturaleza. Para poder vivir en paz con los demás, renunciamos a nuestros derechos (excepto la vida) y los entregamos a una autoridad central (el Estado), que organiza, planea y garantiza la seguridad y el orden en la sociedad.

En otras palabras, para Thomas Hobbes, las personas sin un Estado se matarían entre ellas, no podrían coexistir pues buscarían sobrevivir y proteger sus intereses individuales. Su idea de "Estado" era que todos deberíamos ceder nuestros derechos (excepto la vida) a un órgano que administrara a la sociedad y pusiera orden, sí, el Estado[12].

Desde esa lógica, nadie se puede meter con mis derechos porque el Estado está para protegerme y evitar que los otros me afecten, y de igual manera evitar que yo afecte a los demás. Esa fue su

---

[11] Para él, los hombres son malos por naturaleza y buscan solamente sus beneficios. Según el, todas las personas pelearían entre ellas buscando sus intereses particulares, de ahí viene una de sus frases más famosas es *"El hombre es el lobo del hombre"*.

[12] Su obra la tituló: Leviatán, o La materia, forma y poder de un estado eclesiástico y civil (en el original en inglés: Leviathan, or The Matter, Forme and Power of a Common-Wealth Ecclesiasticall and Civil)

concepción de "Estado", que él le llamó el "Leviatán"[13].

Para el sociólogo alemán Max Weber, Estado es aquella comunidad humana que, dentro de un determinado territorio (el territorio es un elemento distintivo), reclama (con éxito) para sí el monopolio de la violencia física legítima. Lo distintivo de nuestro tiempo es que a todas las demás asociaciones e individuos sólo se les concede el derecho a la violencia física en la medida en que el Estado lo permite[14].

> En palabras de Hanna Arendt "Dado que, como Madison observó una vez, en esta convivencia se trata de hombres y no de ángeles, el cuidado de la existencia sólo puede tener lugar mediante un estado que posea el monopolio de la violencia y evite la guerra de todos contra todos"[15].

¿Un ejemplo de la crisis del Estado o del monopolio de su violencia? El narcotráfico y el crimen organizado. Al menos en México existen regiones

---

[13] Thomas Hobbes (1859): Leviatan.

[14] Recuperado textualmente de: Weber, M. (1919). El político y el científico. Universidad Nacional de General San Martín. Consultado el 17 de octubre de 2024.

[15] Arendt, H. (1997). *¿Qué es la política?* Paidós.

dominadas totalmente por el crimen organizado, ellos ponen las reglas y sus leyes, someten con la violencia a las poblaciones. En este escenario ¿Dónde está el Estado?

En varias regiones de México han surgido "grupos de autodefensa", donde la sociedad toma las armas para protegerse del crimen organizado, dado que el Estado no ha logrado garantizar su seguridad y sus derechos. Estos grupos desafían el monopolio de la violencia del Estado, asumiendo un rol que este último no ha podido cumplir en contextos de delincuencia.

Otro ejemplo son las migraciones masivas y desplazamientos humanos, que también son el reflejo del abandono del Estado para las poblaciones, no solo por la falta de paz y seguridad, sino por la ausencia de políticas que permitan mejorar las condiciones de vida de las personas los obligan a desplazarse.

Las aportaciones teóricas y filosóficas del Estado, son las bases del Derecho, pues en los pactos, leyes, normas y acuerdos se constituye la organización política de los Estados, así como las formas de gobierno que lo rigen. En ese sentido, ¿Todos los Estados se gobiernan de la misma forma? No, pueden tener similitudes, pero existen diferentes tipos de gobierno.

1.5. Los tipos de gobierno y sus ejemplos

El término "gobierno" tiene una rica historia que se remonta a los inicios de la civilización. Etimológicamente, proviene de la palabra griega *kybernites*, que significa timonel, piloto o timón. Esta palabra también conlleva la idea de poder (como en *kratos*). Gobierno, se refiere a las estructuras y procedimientos de toma de decisiones, así como a la forma en que se implementan (o no) dichas decisiones[16].

El Diccionario del Español de México define el régimen como un conjunto de las características generales de una forma de gobierno o la manera de dirigir un gobierno[17]. El régimen político es una categoría que se refiere a las reglas o instituciones

---

[16] Dwivedi, OP, Khator, R., Nef, J. (2007). Democracia, gobernabilidad y gobernanza. En: Managing Development in a Global Context. Palgrave Macmillan, Londres. https://doi.org/10.1057/9780230627390_10

[17] Puedes buscar palabras en el diccionario: https://dem.colmex.mx/

que regulan la integración del poder público y sus procesos para la toma de decisiones[18].

A las formas de gobierno también de las conoce como régimen de gobierno. Existen figuras que representan el poder político como: rey, presidente, parlamento, dictador, aristocracia, oligarquía, el pueblo... ¿quién gobierna mejor? ¿cuál es la mejor forma de gobierno? ¿Quién gobierna tu Estado? ¿Te lo has preguntado? Esas preguntas son muy antiguas, forman parte de la filosofía política y de un eterno debate sobre la mejor forma de gobernar[19].

Una de las primeras formas de clasificar los tipos de gobierno fue a través de un enfoque numérico. Sí, a partir del número de personas que gobiernan; Heródoto y Aristóteles lo hicieron siguiendo el criterio del número de los gobernantes:

1. la monarquía, o gobierno de uno (rey o reina)
2. la aristocracia, gobierno de un grupo selecto de personas, generalmente de clase alta, y

---

[18] Montero Bagatella, Juan Carlos. (2012). Gobernabilidad: Validez/Invalidez o moda del concepto. *Revista mexicana de ciencias políticas y sociales*, *57*(216), 09-23. Recuperado en 21 de octubre de 2024, de http://www.scielo.org.mx/scielo.php?script=sci_arttext&pid=S0185-19182012000300001&lng=es&tlng=es.

[19] Te recomiendo leer "Una célebre discusión" en el Libro La teoría de las formas de gobierno en la historia del pensamiento político, de Norberto Bobbio.

3. la democracia, comúnmente conocida como el gobierno del pueblo[20].

A la clasificación anterior le fueron surgiendo cuestionamientos. Por ejemplo, ¿cómo se va a organizar el pueblo entero para gobernarse a sí mismo? ¿Quién se asegura que los aristócratas van a buscar el bienestar del pueblo y no de su misma clase? ¿Quién vigilará que el rey no tome malas decisiones?

El filósofo Aristóteles reclasificó los gobiernos, ya no por el enfoque numérico, sino por su cualidad de ser "buenos" (justos) o "malos" (corruptos). Para él, los gobiernos tenían una contraparte antagónica, es decir para un tipo de gobierno bueno se encontraba por oposición un tipo de gobierno malo.

Dicho de una manera más técnica, Manuel Knoll[21] reflexiona desde un ensayo filosófico a Aristóteles y el pensamiento político aristocrático:

> Aristóteles entiende la constitución como un orden (τάξις) que determina quién gobierna en una comunidad política. También identifica la

[20] La palabra "Cracia" significa "poder".

[21] Académico, Istanbul Şehir University, Turquía.

constitución con el grupo de ciudadanos que gobierna. Fundado en el significado literal de término, define la democracia como el gobierno del pueblo (δῆμος), y la oligarquía como el gobierno de unos pocos (ὀλίγοι). De acuerdo con este criterio, introduce su esquema de seis constituciones, que distingue entre tres constituciones justas (monarquía, aristocracia y politeia), y tres corruptas (tiranía, oligarquía y democracia)[22].

Esquema 1.
Las seis constituciones de Aristóteles

Gobierno de uno	
Monarquía ✓	Tiranía *X*
Gobierno de Poco	
Aristocracia ✓	Oligarquía *X*
Gobierno de todos	
Politeia ✓	Democracia *X*

El filósofo Polibio fue uno de los grandes pensadores del gobierno mixto, este tipo de gobierno era considerado para él como la mejor forma de gobierno, y afirmó que este sistema floreció durante la República romana. Según su análisis, "los

[22] Knoll, Manuel. (2017). Aristóteles y el pensamiento político aristocrático. *Revista de filosofía*, *73*, 87-106. https://dx.doi.org/10.4067/S0718-43602017000100087

cónsules" representaban el principio monárquico, "el senado" el principio aristocrático, y "el pueblo", el democrático (el Estado popular). Entre estos poderes existían mecanismos de pesos y contrapesos, ya que podían oponerse entre sí o, por el contrario, apoyarse mutuamente. Polibio describió estos aspectos con gran detalle[23].

Es difícil afirmar cuál es la mejor forma de gobierno; al menos, yo no me atrevería a hacerlo. Sin embargo, imaginar, reflexionar e idear la mejor forma de gobierno es parte de los objetivos de la filosofía política. Ya los clásicos griegos argumentaban sobre el ideal de un gobierno alejado de la corrupción, respetuoso de los derechos, inclusivo de todas las voces y orientado hacia el bienestar colectivo (Algunos filósofos griegos pensadores sobre las formas de gobierno fueron: Sócrates, Platón, Aristóteles, Polibio, Heródoto, por mencionar a algunos).

---

[23] Carpizo, Jorge. (2011). La República democrática en la Constitución mexicana. *Boletín mexicano de derecho comparado*, *44*(132), 1047-1083. Recuperado en 10 de octubre de 2024, de http://www.scielo.org.mx/scielo.php?script=sci_arttext&pid=S0041-86332011000300003&lng=es&tlng=es

1.5.1. La Democracia. Gobierno de y para todas las personas

La democracia es tanto un proceso como una meta. ¿Qué significa eso? Que no existe una democracia perfecta, pero en su proceso se va perfeccionando para cada vez tener elecciones más justas, participación activa de las personas y una serie de acciones para garantizar libertades. Esa es la meta, pero, aunque no se llegue a la "democracia perfecta" es una meta que orienta los esfuerzos durante cada proceso. Algo así como la estrella polar que guía a los barcos en altamar, los barcos nunca llegarán a la estrella pero ella les enseña el camino. Así es la democracia.

La democracia es una forma de gobierno. Cada forma de gobierno debe ajustarse a sus propias realidades sociales, históricas, políticas y económicas. Por ejemplo, aunque la democracia nació en Grecia, para los antiguos griegos solo podían participar en las decisiones públicas los hombres adultos y con virtudes, dejando fuera a las mujeres y a minorías como los migrantes, esclavos o personas cuyos trabajos no eran considerados eruditos. Por ello hoy hablamos de una democracia moderna, que, aunque posee los principios de la democracia clásica griega, no es igual.

En México, por ejemplo, a pesar de nacer como una república democrática, no fue hasta el año1955 que votaron por primera vez las mujeres, o hasta el año 2000 que ganó la presidencia un partido político diferente al que gobernó durante décadas. Tuvieron que pasar 224 años para que una mujer fuera presidenta por primera vez en el país. Por ello, la democracia está permanentemente transformándose, es un proceso y una meta.

La democracia es la forma de gobierno más aceptada, ya que se asocia con las libertades, la pluralidad de ideas, la transparencia en los procesos de elección de autoridades y la participación cívica. Sin embargo, los sistemas democráticos no son sencillos de operar. Imagina todo el esfuerzo y recursos necesarios para recoger las ideas, opiniones, creencias y sentires de las personas, y hacer que estos se reflejen en las acciones gubernamentales.

Te recomiendo entrar a la plataforma "Árbol de la democracia"[24] de la Universidad Nacional Autónoma de México, para explorar de manera interactiva sobre las principales escuelas de pensamiento de la democracia. Escanea el QR.

En la Democracia es muy complicado pedir la opinión de cada persona y, con base en ello, tomar decisiones. La democracia directa, por ejemplo, donde se vota a mano alzada, suele existir en pequeños grupos, organizaciones, asociaciones o asambleas, en donde se discute y se llegan a acuerdos generalmente tomados por la mayoría. En una junta de vecinos, a través de la democracia directa, se podría decidir mediante votos cuestiones como el color con el que se pintará un área común o en qué se destinarán las cuotas que todos los vecinos aportan para el mantenimiento, por poner un ejemplo.

Sin embargo, cuando hablamos de un sistema democrático para un país tan grande, la democracia directa se expresa periódicamente a través de votos en las urnas y se transforma en una democracia

---

[24] Universidad Nacional Autónoma de México. (2024). *Árbol de la Democracia* .https : //arboldelademocracia.c.unam.mx

representativa: elegimos a nuestros representantes. Dicho de otra manera, en este sistema, elegimos a nuestros representantes a través de los votos en las elecciones, y las personas ganadoras son quienes se convierten en portadores de las voces de las personas a las que representan.

Que un país se autodenomine democrático no significa que lo sea en la práctica. Ser democrático en lo legal es una cosa, y cómo se manifiesta en la realidad es otra. La eficiencia de la democracia depende principalmente del respeto a los derechos humanos, la apertura a la participación ciudadana, el respeto a la libertad de prensa y evitar el uso de cuerpos policiales o militares para reprimir manifestaciones sociales o grupos que no concuerdan con las políticas de los gobiernos en turno.

En una democracia plena, se privilegian los acuerdos, los debates y la inclusión de todas las voces, incluyendo a las minorías. Para medir y evaluar el desempeño de las democracias en los distintos países se creó en 2006 el "Índice de Democracia Global", el cual se basa en 60 indicadores agrupados en cinco categorías diferentes que miden el pluralismo, las libertades civiles y la cultura política. Además de una puntuación numérica y una clasificación, el índice clasifica a cada país en uno de cuatro tipos de régimen: democracias plenas, democracias defectuosas, regímenes híbridos y regímenes autoritarios[25].

El Índice de Democracia evalúa en qué medida los ciudadanos tienen la posibilidad de elegir a sus líderes políticos en elecciones libres y justas, disfrutar de libertades civiles, preferir la democracia sobre otros sistemas políticos, involucrarse en la vida política y contar con un gobierno que representa. sus intereses. Este índice varía en una escala de 0 a 10, donde 10 representa el nivel más alto de democracia[26].

1.5.2. La República

¿Qué relación tiene la Democracia con la República? Generalmente, las repúblicas son democráticas. La democracia permite que las personas elijan a sus

[25] UNESCO. (Dakota del Norte). *Tendencias mundiales en materia de libertad de expresión y desarrollo de los medios de comunicación: Índice global de democracia* .https ://www.Naciones Unidas.org/es/mundo-medios -tr/global-democracia-índice

[26] Economist Intelligence Unit (2006-2023) – processed by Our World in Data. "Democracy index" [dataset]. Economist Intelligence Unit, "Democracy Index 2021: The China challenge"; Economist Intelligence Unit, "Democracy Index 2022: Frontline democracy and the battle for Ukraine"; Economist Intelligence Unit, "Democracy Index 2023: Age of Conflict"; Gapminder, "Democracy Index v4" [original data]. Retrieved October 10, 2024 from https://ourworldindata.org/grapher/democracy-index-eiu

representantes, mientras que la república es una forma de organización política que, a través de preceptos constitucionales, asegura que el poder no se concentra en una sola persona.

Además, la república establece órganos reguladores que protegen los principios constitucionales y marcan pautas para crear leyes justas, pertinentes y factibles dentro del marco de las libertades y los derechos humanos. En palabras más simples, en una república existen mecanismos para evitar que el poder corrompa a las personas o instituciones, y que decisiones estén en contra de lo que establece nuestra constitución, garantizando así que la democracia funcione de manera segura. Un ejemplo de esto es México, que es una república democrática.

En el libro *Los diálogos de Platón*, uno de los diálogos más famosos es *La República*. En él, Platón plantea un ideal de nación que llama "república". Desde un ejercicio filosófico, Platón reflexiona sobre cómo se podría organizar la sociedad ideal y quiénes deberían estar al frente del poder público. Aunque esa propuesta se quedó en el ideal, en lo real ha influido notablemente en la filosofía política en la búsqueda de la mejor manera de organizar al Estado.

La república significa "la cosa pública", la cosa del pueblo, la comunidad, la empresa común de los ciudadanos, dirigida por ellos para la consecución del bien común. En consecuencia, *la "res publica"* tiene una naturaleza eminentemente pública (polis) y se distingue por principio de todo lo que corresponde a la esfera privada (oikos) de la vida humana[27].

1.5.3. La monarquía o el gobierno de reinados

"El Estado soy yo"
Rey Luis XIV de Francia

Cuando escuchamos hablar de reyes, reinas y reinados, probablemente pensamos en cuentos de hadas. Sin embargo, en la actualidad existen diversos países que aún tienen monarquías (España, Reino Unido, Japón, Dinamarca...), es decir, cuentan con reyes y reinas. Las monarquías tienen una larga

[27] Ortiz Leroux, Sergio. (2007). República y republicanismo: una aproximación a sus itinerarios de vuelo. *Argumentos (México, D.F.), 20*(53), 11-32. Recuperado en 09 de octubre de 2024, de http://www.scielo.org.mx/scielo.php?script=sci_arttext&pid=S0187-57952007000100001&lng=es&tlng=es.

trayectoria histórica y una fuerte relación con la religión y la cultura de los pueblos.

Desde la historia europea, podemos ubicar, por ejemplo, el feudalismo y la Edad Media, donde las familias adineradas tenían la capacidad de elegirse como líderes de pequeños pueblos, los cuales eventualmente adquirieron poder, tanto por su capacidad de influir sobre las poblaciones mediante cuerpos militares, como por la legitimidad divina que les otorgaba la Iglesia. El poder divino-espiritual, el linaje familiar, el control militar configuraban el poder de los reinados.

Dicho de otra manera, los reyes ascendían al trono porque se creía que Dios les había encomendado esa tarea, y nadie podía oponerse a ese mandato, en parte debido a la existencia de fuerzas de represión militar y también por el miedo de desobedecer las leyes divinas. En este sentido, las monarquías han tenido una importante evolución histórica, y el poder ha pasado de generación en generación a través de la ley del linaje. En otras palabras, solo la familia real conservaba el poder.

Actualmente, existen diferentes tipos de monarquías. En la monarquía absoluta, el poder se concentra totalmente en manos del monarca, sin división de poderes. En la monarquía constitucional, el rey comparte parte de su poder con otras instituciones políticas. La monarquía parlamentaria reduce el papel del rey a uno principalmente simbólico, mientras que el poder político lo ejerce un parlamento. Por último, en la monarquía teocrática, la monarca tiene poder absoluto y la religión dominante influye en las decisiones del Estado. Algunos ejemplos de monarquías en el mundo:

> España tiene un régimen de monarquía parlamentaria, lo cual está regulado por su Constitución. El Título II de la misma trata sobre la Corona[28]. El país tiene un rey que actúa como jefe de Estado, pero no tiene autoridad para tomar decisiones por sí solo. Estas decisiones deben ser discutidas y aprobadas por el Gobierno español, especialmente por el parlamento, compuesto por diputados y senadores.

---

[28] Página oficial de la Casa Real de España: https://www.casareal.es/ES/corona/Paginas/la-corona-hoy_articulos-constitucionales.aspx

Japón posee la casa imperial japonesa, siendo la monarquía más antigua del mundo que ha mantenido una sucesión ininterrumpida en el trono. Akihito es el 125º emperador de una línea que se remonta a la fundación de Japón en el año 600 a.c., bajo el emperador Jimmu, quien, según la leyenda, era descendiente del sol. Aunque los detalles sobre los primeros 25 monarcas están envueltos en misterio, existe evidencia histórica de una sucesión hereditaria continua desde el año 500 d.c.[29]. Japón es una monarquía constitucional y una república parlamentaria

Arabia Saudita es una monarquía absolutista que se rige por los principios del islam. El gobierno está dirigido por el rey, quien también ocupa el cargo de comandante en jefe del ejército. Al ser un Estado islámico, su sistema judicial se fundamenta en la ley islámica (sharia). El rey se sitúa en la cúspide

[29] Goldman, R. (2016, 10 de agosto). Así funciona la monarquía japonesa, una de las más antiguas del mundo. Los New York Times .https : //www.n.com/es//2016 /08//10 /español /monarquía-j.html

del sistema judicial, actuando como tribunal de última instancia y teniendo la autoridad[30].

Las monarquías absolutistas comparten características con los gobiernos tiránicos y dictatoriales, pero se diferencian en que la monarquía tiene una legitimidad histórica, cultural y legal, basada en el linaje, generalmente respaldada por el poder religioso.

En contraste, las dictaduras y los gobiernos tiránicos suelen ser regímenes que han evolucionado desde sistemas democráticos hacia dictaduras, a través del abuso de poder, golpes de Estado, el control militar, la represión y la manipulación de las leyes en beneficio del partido gobernante y sus líderes.

1.5.4. Regímenes autoritarios: La tiranía y la dictadura

La definición más clara de un gobierno tiránico o dictatorial es aquel en el que la ley es impuesta por una sola persona, quien generalmente utiliza la fuerza del ejército para reprimir a cualquier opositor o grupo que se manifieste en contra de sus intereses.

---

[30] Embajada del Reino de Arabia Saudita. (sf). Gobierno. https://www.sa.net /ir/?id =Sk-3593-6229--42--4733

Existen numerosos ejemplos de gobiernos tiránicos y dictatoriales que además censuran la libertad de expresión, manipulan los medios de comunicación, prohíben y limitan la posibilidad de organización y mantienen bajo control los órganos judiciales encargados de impartir justicia.

Frente a este tipo de gobiernos, es muy difícil aspirar a democracias participativas, ya que se cierran prácticamente todos los canales para fomentar las libertades, los derechos humanos y el acceso al poder a través de elecciones libres, periódicas y transparentes.

Una de las características de los gobiernos dictatoriales es la inexistencia o simulación democrática. En otras palabras, se legitiman a través de elecciones controladas; sin embargo, es muy poco probable que estos gobiernos acepten derrotas electorales, ya que tienen la capacidad de subordinar a los órganos electorales y alterar los resultados para perpetuarse en el poder.

A pesar de que las personas puedan estar de acuerdo o no con este tipo de gobiernos, no suelen manifestar sus inconformidades de manera pública, puesto que desafiar a los regímenes dictatoriales y tiránicos puede poner en riesgo sus vidas, su seguridad y su libertad. Es muy común observar en este tipo de gobiernos la existencia de prisiones políticas, donde se encarcelan y torturan a disidentes que no comparten sus opiniones o que se manifiestan en contra del poder.

Aunque hay países que se consideran democráticos, en la práctica son lo contrario. Estos gobiernos comparten características similares: se rigen constantemente a través de un partido político sin competencia y controlan los medios de comunicación para subordinar la opinión pública. El trabajo del periodismo es arriesgado, ya que los gobiernos tiránicos no aceptan críticas y prefieren eliminar a los periodistas que investigan asuntos que pueden poner en duda la eficiencia del gobierno o sacar a la luz delitos cometidos por la administración pública.

En estos gobiernos absolutistas no existen poderes públicos que controlen y regulen el poder de un dictador; en estos regímenes, los poderes se someten a las decisiones dictatoriales. El ejército adquiere gran relevancia, ya que actúa como la fuerza que protege al gobierno de levantamientos, movilizaciones, manifestaciones y movimientos sociales en contra del régimen. Los procesos electorales no son transparentes ni plurales, y están bajo la tutela del gobierno en turno, lo que provoca que las elecciones carezcan de legitimidad.

Según Karl Loewenstein[31], todas las formas de gobierno en las que se identifica un exceso de poder pueden clasificarse bajo la única denominación genérica de "autocracia", que se caracteriza por:

1. Concentrar el poder sin instituciones que vigilen, regulen y sancionen acciones ilegales.

2. No hay espacio para otras ideologías y fuerzas sociales distintas a la de los detentadores del poder.

3. Sus estrategias políticas se fundamentan en la orden y la obediencia, donde la orden proviene del único detentador del poder y se exige la obediencia tanto de los ciudadanos como de los demás órganos.

4. No existe responsabilidad política para el único detentador del poder[32].

---

[31] Loewenstein, K. (1986). *teoría de la constitución*

[32] Landívar Mosiño, CE (2011). El límite al poder político como función primordial de la constitución. *Iuris Tantum Revista Boliviana de Derecho* , (1http ://www.scielo .org.bo /sc.pag¿?scr=ciencia arte&pid =S-815720110001000&lng =es &tlng =es .

Te recomiendo ver la película *El niño con pijama de rayas*[33] y *Un refugio inesperado*[34], ambas ambientadas en la historia de la Alemania nazi y sus políticas de intervención militar extrema y nacionalismo racial.

1.6. ¿Existe un régimen perfecto?

No hay un régimen completamente perfecto, pero si deseable: estoy seguro de que nadie desearía vivir bajo un sistema de gobierno fundamentado en la violencia, la represión y la corrupción. La historia nos ha mostrado que ningún régimen es estático; las sociedades cambian y transforman sus formas de gobierno con el tiempo.

Ahora bien, si nos hacen la pregunta ¿qué régimen tiene tu país? Entonces debemos indagar sobre el tipo de gobierno. En México podemos decir que hay un régimen democrático, pero no siempre fue así; España tuvo por mucho tiempo un régimen exclusivamente Monárquico (pues tienen reyes); sin embargo, las formas de gobierno han ido

[33] Herman, M. (Director). (2008). *The Boy in the Striped Pyjamas* [Película]. Miramax..

[34] Caro, N. (Directora). (2017). *The Zookeeper's Wife* [Película]. 20th Century Fox.

evolucionando, tanto que cada Estado puede adoptar un régimen a partir de la combinación de formas de Gobierno.

Por ejemplo, en Europa durante la Edad Media, las personas eran gobernadas por Reyes, pero a su vez, los reyes gobernaban con el apoyo del ejército y de la iglesia, incluso la Nobleza comenzaba a tener influencia en la forma de gobernar. Algo así como una monarquía aristócrata teocrática y miliar, ¿confuso verdad?

Las personas que vivían en los reinos tenían que pagar impuestos a la corona, si no pagaban o se negaban a hacerlo, podrían ser expulsados del reino, ser castigados con la fuerza del ejército o perder el derecho del cielo que en aquél entonces garantizaba la iglesia. Si una persona no estaba de acuerdo con la forma de gobernar, pues tenía que aguantarse. Por mucho tiempo quejarse del gobierno podría costarles la vida a las personas. Las leyes prohíban a las personas cuestionar a los gobernantes, se limitaba la "libertad de expresión".

¿Entonces cómo cambiar de forma de gobierno si no estamos satisfechos con la forma de gobernar? La historia nos ayuda a comprender esos procesos de cambio y transformación. Esos cambios se originan principalmente por las Revoluciones, las luchas armadas, la organización social y política.

¿Te suena la Revolución Francesa, la Revolución Mexicana, la Independencia de Estados Unidos? Esos son algunos ejemplos de movimientos políticos que se gestaron con la finalidad de cambiar la forma de gobierno de los Estados, o independizarse del otros, sencillamente porque en ese proceso histórico las personas no estaban felices ni satisfechas con los grupos de poder en turno.

La organización social cohesionada por el descontento e insatisfacción gubernamental crea movilizaciones que pugnan por los cambios, apuestan por las revoluciones.

1.7. Las Revoluciones para cambiar las formas de gobierno

En la historia política nos hemos percatado de que ningún Estado es estático, ¿qué significa eso? Que han existido modificaciones sustanciales en los Estados y sus formas de gobierno: con el paso de os años han cambiado sus leyes, se han reconfigurado sus territorios, incluso han tenido cambios culturales como la incursión de nuevos idiomas, religiones y tradiciones. Las revoluciones han sido las principales vías para la transformación de los Estados, sobre todo cuando las poblaciones no están convencidas con la forma y actuar de sus gobernantes.

Por lo anterior, sí es posible cambiar las formas de gobierno de un Estado, pero no es una tarea sencilla ni rápida. Generalmente es a través de luchas y movimientos sociales el medio por el cual se busca derrocar al poder e instaurar una nueva forma de gobierno. Los gobiernos deficientes, que no garantizan la protección de los derechos humanos y que además existen condiciones de violencia, pobreza y exclusión social, propician condiciones para que la población se manifieste y exija cambios en los gobiernos.

En la literatura encontramos una fábula muy famosa y poderosa para comprender la transición de las formas de gobierno, así como su declive: "Rebelión en la Granja" del escritor George Orwell[35]:

> Los animales de la granja de los Jones se sublevan contra sus dueños humanos y los vencen. Pero la rebelión fracasará al surgir entre ellos rivalidades y envidias, y al aliarse algunos con los amos que derrocaron, traicionando su propia identidad y los intereses de su clase[36].
>
> Rebelión en la Granja (sinopsis)

La Historia es una disciplina académica que nos ha dado la evidencia sobre las revoluciones políticas y cambios de regímenes de gobierno. Por ejemplo, México al lograr la independencia del Reino de España, pasó de ser una colonia virreinal a ser un Estado Independiente, hasta poco a poco instaurar un gobierno republicano, democrático y representativo. Durante 100 años se mantuvo ese

[35] Orwell, G. (2003). Rebelión en la granja. Debolsillo. (Original work published 1945).
[36] Sinopsis tomada de Planeta de los Libros. Disponible en: https://www.planetadelibros.com.co/libro-rebelion-en-la-granja/159852

régimen de gobierno, hasta que un presidente (Porfirio Díaz) se mantuvo en el poder de manera recurrente sin dejar de gobernar y sin permitir elecciones transparentes y en igualdad de condiciones (dictadura).

Ahí se produjo una ruptura entre las élites políticas, y más tarde en 1910 se gestó el inicio de la Revolución Mexicana, para pasar de un gobierno autoritario (dictador) a ser un gobierno democrático con libertad para realizar elecciones cada seis años para elegir al presidente de la república. Por mucho tiempo el lema "sufragio efectivo no reelección" se escribió en los documentos oficiales; representó el objetivo de la lucha de la revolución: que nadie se perpetuara en el poder.

Otros de los ejemplos clásicos para comprender la transición de un régimen de gobierno a otro, que además influenció las independencias de los países latinoamericanos fue la Independencia de las 13 colonias británicas (hoy Estados Unidos de América).

En el caso de la historia de independencia de Estados Unidos de América, su lucha en contra de la monarquía británica se extendió de 1775 a 1783, culminando con el Tratado de París precedente de la independencia de una nueva nación: Estados Unidos de América. En el caso de Estados Unidos Mexicanos y Estados Unidos de América no solo hablamos de un cambio de régimen de gobierno, sino también la consolidación de nuevos estados soberanos e independientes.

> RECOMENDACIÓN
> Si te interesa conocer un poco más de la historia de la independencia de Estados Unidos de forma atractiva, te recomiendo ver la obra de Teatro Hamilton, aunque está en Broadway, hay videos en *YouTube* y en plataformas de *streaming* y la música es excelente, pues narra la vida de un padre fundador "Alexander Hamilton" y la lucha por la independencia de Estados Unidos de América.

En la historia de Francia, en cambio, no hubo una independencia sino una revolución que logró cambiar el régimen monárquico; en otras palabras, pasó de ser un reino a una república. La revolución tuvo dos ingredientes fundamentales: las ideas e influencia del pensamiento político de personas que no estaban conformes con el gobierno monárquico y la inconformidad social contra el Rey Luis XVI por problemas sociales como la hambruna, la pobreza y los problemas de salud pública.

> Te recomiendo leer la novela "La Nodriza" de la escritora María Vallejo Nájera, cuenta la historia de María Antonieta durante la gestación de la revolución francesa[37]; también un libro clásico sobre ese contexto histórico es "Los Miserables" de Víctor Hugo[38], en esa novela es una mirada a la situación social y económica de Francia, así como los cambios que fueron promoviendo los movimientos políticos de la época. También hay películas y obras de teatro basados en la novela de Víctor Hugo.

Los ejemplos anteriores constatan la importancia de la historia y su vinculación con la política. Ahora imagina, una vez lograda la independencia o derrocar al régimen después de la revolución ¿Qué sigue? ¿Cómo gobernar? ¿Qué forma de gobierno instaurar y cómo administrar al Estado? Esas preguntas se formularon justo tras la revolución francesa, pero no hubo acuerdos ni coincidencias totales. Se establecieron dos bloques importantes que argumentaban la mejor manera de gobernar: la izquierda y la derecha.

---

[37] Vallejo-Nágera, M. (2014). *La nodriza*. B DE BOOKS.

[38] Hugo, V. (2013). *Los miserables*. EDHASA.

1.8. Las ideologías políticas: ¿ser de izquierda o ser de derecha?

Ser de Izquierda o Derecha ¿Qué es eso? Seguramente en alguna ocasión escuchaste esa expresión, pero ¿de dónde surge esa división? Después de la revolución francesa se conformaron las Asambleas. Esas asambleas se integraban por diferentes personas con ideas para contribuir a la consolidación de una nueva forma de gobierno, sus funciones, límites y competencias.

El adjetivo "izquierda" y "derecha" surge de una ubicación en dicha asamblea, los de la "izquierda" tenían una idea opositora a los privilegios del rey, los de la "derecha" constituían un bloque a favor de derechos específicos para la monarquía.

Esos adjetivos han ido adaptándose a los contextos históricos para marcar la división de las ideologías políticas, por ejemplo, en la historia mexicana se hablaba de "Los Insurgentes" y "Los Conservadores", en las 13 colonias británicas de los "Loyalists" y los "Patriotas". Ser de "izquierda" o "derecha" es una forma de identificar la posición ideológica-política de una persona o un grupo.

Las posturas ideológicas de las personas no siempre son las mismas. Las personas prefieren no abordar temas polémicos para evitar discusiones; pero debatir es parte fundamental de la práctica política, no para imponer nuestras ideas, creencias y posturas políticas sobre los demás, sino para buscar en conjunto lo que mayor convenga a la comunidad. Si tú quieres identificar tu ideología política, puedes aplicar el Gráfico o test de Nolan[39], el cual es un diagrama político creado en 1969, (aún vigente), que permite a las personar reconocer las ideologías políticas a partir de un cuestionario.

Ese cuestionario se basa en lo que algunos autores llaman las "geometrías del poder"; plantea una serie de preguntas con opciones múltiples, en las cuales se va perfilando tu ideología política. Por ejemplo, sobre el tema de los impuestos, ¿qué responderías?

a) Los ricos deberían pagar más impuestos para aumentar las prestaciones y servicios del Estado.

[39] David Fraser Nolan (23 de noviembre de 1943 – 21 de noviembre de 2010) Politólogo de Estados Unidos de América.

b) Los impuestos no deberían subir. Deben ser los justos y necesarios para sufragar los gastos del Estado.
c) Los impuestos deberían reducirse, aunque para ello haya que recortar algunas prestaciones y servicios del Estado[40].

Sobre el Tema de Drogas:

a) El Estado debería combatir el tráfico de drogas con más medios y de un modo más eficaz
b) El uso de algunas de las drogas prohibidas actualmente debería ser legal, aunque debería controlarse su distribución.
c) Deberían legalizarse las drogas, despenalizando su uso y liberalizando su distribución.

Esquema 2. Diagrama de Nolan

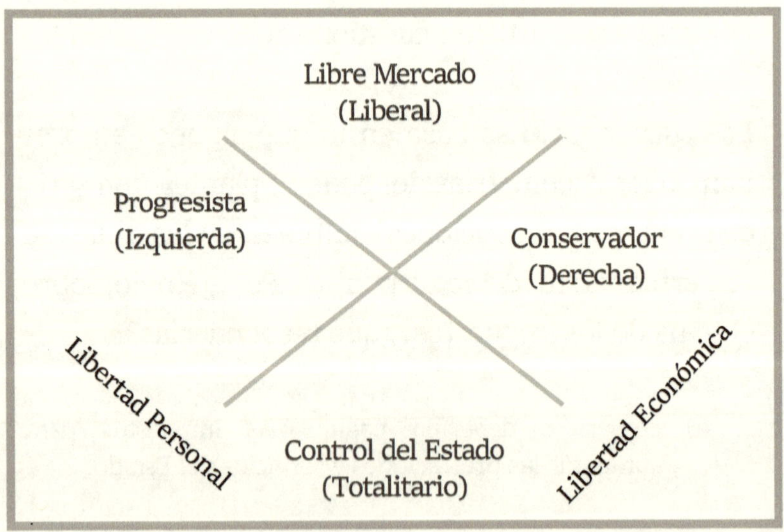

[40] Tomado del Test de Nolan, elaborado por Juan Soulié, © 2011-2022 disponible en: https://testpolitico.com/test/.

Puedes ingresar de manera gratuita al test político de Nolan, escaneando el Código QR. Al finalizar te brindaran un mapa político sobre tu ideología y similitud con posturas de líderes políticos del mundo.

También existen posturas sobre temas polémicos como la despenalización del aborto, la eutanasia, la legalización de las drogas. Las ideologías políticas no están en extremos completamente, existe una gama de posibilidades entre ser izquierda, centro o derecha; pero también esas posturas ideológicas están relacionadas entre conceder el poder total al Estado o dar libertad al Mercado, en otras palabras, ¿qué tanto debe controlar el Estado (intervencionismo) al mercado, o qué tanto el mercado debe autorregularse (liberalismo)?

En los parlamentos o cámaras legislativas, por ejemplo, se deben debatir y tomar decisiones en torno a temas sociales y económicos de interés colectivo. Por ejemplo, el tema de la legalización de las drogas es tan complicado que encuentra una clara división, entre los que sí están a favor y los que están en contra. Sucede lo mismo en temas económicos sobre la subvención de los servicios médicos, si debe proveerlos el Estado o si debe ser cubierto a través de seguros privados.

Justo por ello, los ciudadanos a través de sus posturas ideológicas van tomando "partido", agrupándose con personas que comulgan con sus formas de pensar y de concebir al Estado para gobernar. Así nacieron los llamados "Partidos Políticos", una integración de personas con una misma forma de concebir, desde sus ideologías, la mejor manera de gobernar.

1.9. Los partidos políticos

Los partidos políticos se nombran así por la expresión ¿por quién tomas partido? Es decir, que preferencia tienes. Las preferencias políticas en tanto las formas de gobernar, ideologías e ideas, configuran a los partidos políticos, quienes a través de sus estatutos describen los principios que orientan su razón de ser y quehacer en la política de un Estado. Para ser más exactos, el Glosario de la Secretaría de Gobernación de México expone que los partidos políticos:

> Son asociaciones de interés público que se conducen de acuerdo con ciertos principios e ideas con dos objetivos fundamentales: 1) canalizar y transmitir los intereses y demandas de la población para que sean consideradas en la toma de decisión gubernamental; y, 2) posibilitar la participación de la población en el proceso político por medio de la elección de los representantes populares que ejercen el poder político[41].

Los partidos políticos son actualmente las formas de organización política más importantes para acceder al poder público en sociedades democráticas. Sus ideologías y corrientes de pensamiento influyen en la toma de decisiones de un país.

Por ejemplo, un partido político "X" puede tener la idea de que los Estados deben intervenir más en el mercado, tener posturas específicas respecto a temas polémicos como el abordo, la eutanasia y su prohibición; un partido "Z" puede asumir desde sus estatutos, la libertad sobre el cuerpo y estar en contra de la penalización del aborto, a favor de la muerte digna, de la maternidad subrogada.

---

[41] Secretaría de Gobernación. Disponible en: http://sil.gobernacion.gob.mx/Glosario/definicionpop.php?ID=178 (Consultado el 30 de septiembre de 2022).

En ese sentido, las sociedades y sus habitantes van tomando "partido" hacia aquellas agrupaciones políticas que más coinciden con su forma de pensar, ideas y creencias sobre la mejor manera de gobernar un pueblo o un Estado; si es de su interés, la ciudadanía a través de los mecanismos de los partidos políticos puede postularse para gobernar un Estado.

Por ejemplo, en Estados Unidos de América existen dos partidos políticos principales: "demócratas" y "republicados". Los republicanos son el partido político conservador más influyente en Estados Unidos, mientras que los demócratas son el partido político considerado progresista en ese país.

En México, el partido político MORENA es un partido más de izquierda con ideas progresistas y con mayor apuesta a la intervención del Estado en la regulación del mercado; en oposición, por ejemplo, el PAN es un partido más de derecha (conservador) cuyas ideas apuntan más hacia la defensa de las ideas de familia tradicional, penalización del aborto y libre mercado para el desarrollo económico a través de las empresas.

En teoría, los partidos políticos son un puente entre la ciudadanía que se identifica con sus principios ideológicos y los cargos de elección popular. La Ley establece que los partidos políticos tienen como fin promover la participación del pueblo en la vida democrática, contribuir a la integración de los órganos de representación política y, como organizaciones de ciudadanos, hacer posible el acceso de éstos al ejercicio del poder público[42].

A veces los partidos políticos postulan ciudadanos no necesariamente por su capacidad, conocimientos y defensa ideológica. Lamentablemente, la popularidad ha tomado protagonismo al momento de postular candidatos; las personas en muchas ocasiones votan por la popularidad o afinidad con él o la candidata, pero pocas veces se le cuestiona sobre su ideología política respecto a ciertos temas de interés económico y social, o pocas veces se le pregunta sobre su propuesta de agenda de gobierno, es decir, la priorización de problemas públicos identificados y la forma de atenderlos.

[42] Artículo 3. Ley General De Partidos Políticos (México)

A continuación, veremos algunos ejemplos de partidos políticos y las formas de comunicar sus ideologías políticas:

morena

MORENA (México). Proponemos acabar con la corrupción, la impunidad, el abuso del poder, el enriquecimiento ilimitado de unos cuantos a costa del empobrecimiento de la mayoría de la población. Un cambio verdadero supone el auténtico ejercicio de la democracia, el derecho a decidir de manera libre, sin presiones ni coacción, y que la representación ciudadana se transforme en una actividad de servicio a la colectividad, vigilada, acompañada y supervisada por el conjunto de la sociedad[43].

PARTIDO DEMÓCRATA (Estados Unidos de América). El Partido Demócrata (EUA) comprende que no hay un problema que importe más que otro, independientemente de que se trate de la atención médica, la economía, la reforma de la portación de armas, el salario igualitario, el derecho al voto, la seguridad nacional o la

[43] Estatuto de MORENA. Disponible en: https://morena.si/wp-content/uploads/2014/12/Estatuto-de-MORENA-Publicado-DOF-5-nov-2014.pdf

crisis climática. Los demócratas están tratando estos problemas y otros más todos los días[44].

VOX (España). Nuestro proyecto se resume en la defensa de España, de la familia y de la vida; en reducir el tamaño del Estado, garantizar la igualdad entre los españoles y expulsar al Gobierno de tu vida privada[45].

Partido Liberal de Canadá (Canadá). El Partido Liberal de Canadá está comprometido con la idea de que la dignidad de cada individuo es el principio cardinal de la sociedad democrática y el propósito principal de toda organización y actividad[46].

Como puedes observar, la forma en la cual los partidos políticos comunican sus ideologías son aparentemente atractivas. En realidad, no hay partidos políticos buenos o malos, eso depende de la perspectiva desde la cual tú te identifiques más. Por ejemplo, si coincides con las ideas de un "partido de

---

[44] Página oficial del partido Demócrata EUA. Disponible en: https://democrats.org/es/lo-que-representamos/

[45] Página oficial de VOX España. Disponible en: https://www.voxespana.es/espana/que-es-vox

[46] Partido Liberal de Canadá. (2021). Constitución del Partido Liberal de Canadá (adoptada en lahttps://liberal.ca/wp -contenido/subir/sitios/292 /20/04//El -Co-de-elPartido Liberal de Canadá .pdf

Izquierda", para ti las ideas de "la Derecha" serán absurdas, y viceversa.

Lo ideal es que cada ciudadano conociera los estatutos de los partidos políticos para poder identificar en cual hay mayor coincidencia con sus ideas y formas de pensar respecto a la dirección del Estado.

A veces, cuando no hay una cultura política participativa, la popularidad de los partidos políticos crece por la fuerza y carisma de candidatos o candidatas, por fórmulas del marketing como buenas campañas, música, spots televisivos, contenido en redes sociales; no siempre los partidos políticos ofrecen sus posturas respecto a temas específicos, pero esa debe ser la principal tarea ciudadana: consultar, cuestionar y comparar: Las 3C.

La Ley General de Partidos Políticos los define como entidades de interés público con personalidad jurídica y patrimonio propios, con registro legal ante el Instituto Nacional Electoral, que tienen como fin promover la participación del pueblo en la vida democrática, contribuir a la integración de los órganos de representación política y como organizaciones de ciudadanos, hacer posible el acceso de éstos al ejercicio del poder público[47].

Los partidos políticos no solo son vehículos para acceder a cargos de elección popular, generalmente definen que tipo de políticas implementar en el gobierno. Por ejemplo, un partido de derecha seguramente tomaría decisiones sobre la reducción de impuestos a empresas para incentivar la generación de empleos y la inversión privada. Un partido de izquierda optaría por incrementar los impuestos de las empresas para generar programas sociales para apoyar a las poblaciones más desprotegidas. ¿Tú qué decisión tomarías? ¿Qué partido tomarías? ¿Crees que es fácil formar parte de un partido político y ser incluido en la toma de decisiones?

1.9.1. La partidocracia

En teoría, los partidos políticos deben ser democráticos, transparentes y accesibles para cualquier ciudadano. Sin embargo, en la práctica, las candidaturas no siempre se asignan de manera democrática, ya que prevalecen prácticas como el

[47] Art. 3 de la Ley General de Partidos Políticos.

nepotismo, el compadrazgo y el amiguismo, que concentran el poder en pocas personas, o bien, existen obstáculos y barreras que dificultan el acceso a cargos de elección popular para los ciudadanos.

La partidocracia, o el poder concentrado en los partidos, implica que la democracia, en realidad, está inclinada hacia los intereses de los partidos políticos. Son estos los que, a través de decisiones tomadas por una minoría, determinan las políticas que afectan a la mayoría, así como la asignación de recursos, la construcción de agendas y las prioridades de un gobierno.

Un ejemplo de esto es la Cámara de Diputados y Senadores, donde nuestros representantes, en teoría, deben tomar decisiones en función de lo que más conviene a las personas que representan. Sin embargo, en la práctica, vemos que los tomadores de decisiones siguen las directrices impuestas por sus partidos.

Incluso antes de llegar a los debates, discusiones públicas y votaciones, los líderes de partidos ya han asumido posturas que despliegan discrecionalmente a los legisladores y legisladoras, los cuales votan (casi siempre) siguiendo instrucciones de sus líderes de partido. En ese escenario surgen cuestionamientos ¿Somos una democracia que se decanta en una pequeña oligarquía de partidos?

1.9.2. Teoría de las Élites

Las teorías de las élites desafiaban las ideas clásicas de democracia y el poder del pueblo soberano, argumentando que, en cualquier contexto, un pequeño grupo de poder siempre controla a la mayoría. Para estas teorías, siempre las minorías organizadas gobernarán a las mayorías desorganizadas[48].

En 1911 apareció el texto principal de Robert Michels "Los partidos políticos", en él desarrolló su teoría de las elites: la democracia conduce de modo necesario a la oligarquía. Michels lo considera como la ley de hierro de la oligarquía[49].

Estas teorías intentan establecer leyes universales y comprobables para explicar la organización política

---

[48] Dupont, Silvia, et al. (1988). Los teóricos de las élites: La afirmación del poder.. Estudios Políticos; Nva. Época Vol. 7 Núm 4; 1988. Recuperado de https://repositorio.unam.mx/contenidos/48454

[49] Bolívar Meza, R. (2002). La teoría de las élites en Pareto, Mosca y Michels. *Iztapalapa: Revista de Ciencias Sociales y Humanidades*

de las sociedades. Sus postulados son claros: en todas las sociedades habrá gobernantes y gobernados, siendo los primeros una minoría conocida como clase política, élite política u oligarquía, quienes se encargan de dirigir a las masas desorganizadas. Estas teorías surgen gracias a los aportes clásicos de los italianos Vilfredo Pareto, Gaetano Mosca y Robert Michels a principios del siglo XX[50]. ¿Qué opinas? ¿Conoces a la clase política de tu Estado?

> Puedes profundizar en más conceptos consultando el *Diccionario de Ciencia Política: teorías, métodos, conceptos* de Dieter Nohlen (2006), publicado por la editorial Porrúa[51].

[50] Bahena Armillas, Edwin Bulmaro. (2020). Las teorís de las élites desde el vínculo agente-estructura. *Estudios políticos (México)*, (49), 113-130. Epub 20 de agosto de 2024.https://doi.org/10.22201/fcpys.24484903e.2020.49.72402

[51] Nohlen, D. (2006). Diccionario de Ciencia Política: teorías, métodos, conceptos. Porrúa.

Esquema 3. Cartografía de la Política

Capítulo 2.
LOS "ISMOS" EN LA POLÍTICA

Introducción

Seguramente ha escuchado hablar del capitalismo, socialismo, comunismo, liberalismo, neoliberalismo, intervencionismo, feminismo, anarquismo, etcétera. La palabra "ismo" es muy común en los conceptos políticos que definen corrientes filosóficas, modelos o sistemas, principalmente político-económicos. En este capítulo haremos un acercamiento a cada uno de estos términos para reflexionar sobre su significado e importancia en el contexto de la política.

Si nunca has oído hablar de estos conceptos, no te preocupes. Intentaremos describirlos y analizarlos de manera clara y con ejemplos. Sin embargo, es importante advertir que detrás de cada uno de los conceptos existe un extenso trabajo histórico, teórico e investigativo desarrollado por profesionales de las ciencias sociales, políticas y económicas, ¡se necesitarían libros completos para profundizar en cada uno de ellos!, existen cursos universitarios dedicados exclusivamente al análisis de cada "ismo".

2.1. Economía y política. Una relación permanente

Como mencionamos anteriormente, la política, a través de la toma de decisiones, nos ayuda a llegar a acuerdos, generar consenso, y alcanzar el orden, la paz y la estabilidad. Sin embargo, en una sociedad no es suficiente con que las personas se comporten adecuadamente solo porque existen leyes y sanciones; también es necesario distribuir los recursos, satisfacer necesidades y crear condiciones para que todos tengan acceso a empleos y puedan obtener el dinero necesario para cubrir sus necesidades de alimentación, vivienda, vestimenta, así como para adquirir productos y pagar servicios.

Ahí es donde entra en juego la economía. Cuando política y economía trabajan en conjunto, se logran dos objetivos esenciales, entre ellos combatir la pobreza, la inflación y el desempleo.

¿Cómo lograr combatir el desempleo, reducir la pobreza, disminuir las desigualdades, garantizar los derechos sociales y evitar las crisis económicas? Una decisión aislada no resolverá todos los problemas, pero cada decisión debe estar basada en nuestro contexto político y económico.

Por ello, es relevante comprender qué implica el capitalismo, cuáles son las aspiraciones del socialismo, qué representa el libre mercado, por qué es necesaria la intervención del Estado, cómo ha influido Karl Marx en la economía política, y cómo las mujeres han luchado históricamente por hacer visibles sus derechos políticos y sociales.

2.2. El Capitalismo

El capitalismo es un concepto económico estrechamente vinculado a la política. Pongamos un ejemplo muy básico para explicar el capitalismo antes de ofrecer una definición:

> Imagina que tienes una máquina de coser y comienzas un negocio de reparación y fabricación de ropa. Con tus primeras ganancias, compras otra máquina y contratas a una persona que te ayude. Más adelante, te das cuenta de que ya no necesitas operar la máquina y contratas a otra persona. Tus empleados fabrican productos que tú vendes, y con las ganancias pagas sus salarios, los insumos y los servicios necesarios. Lo que te

queda es tu ganancia, sin haber trabajado directamente, has generado riqueza.

Este ejemplo probablemente te resulte familiar, ya que refleja parte de la vida cotidiana en los trabajos de México y América Latina. Esto se debe a que vivimos en un sistema económico capitalista, en el cual quienes son dueños de los medios de producción (máquinas, insumos, talleres, materiales) tienen la capacidad de contratar personas y generar riqueza a partir del trabajo de sus empleados: hay una relación obrero-patrón.

Si bien la generación de empleos beneficia a la economía, el capitalismo no siempre ha respetado los derechos de los trabajadores. Gracias a los movimientos obreros y sociales, se han reivindicado a lo largo de la historia derechos como jornadas laborales adecuadas, días de descanso, vacaciones, aguinaldo, reparto de utilidades, jubilación, así como seguros médicos y de retiro.

Aunque las leyes protegen a los trabajadores, en el modelo capitalista todavía persiste la explotación laboral, y es una realidad: existen trabajos mal pagados que no garantizan derechos sociales básicos, lo que ha generado críticas hacia el capitalismo.

Este sistema económico permite que unos seres humanos exploten a otros, lo que degrada la dignidad humana y propicia la desigualdad. Se le considera una forma de esclavitud moderna, ya que muchos salarios no son suficientes para cubrir los gastos de la vida cotidiana, mientras que la riqueza generada por el trabajo enriquece a unos pocos (dueños de los medios de producción). Esa dinámica capitalista continúa perpetuando la desigualdad en el mundo y la reproducción de las clases sociales.

El capitalismo no es sólo un fenómeno económico, sino también un sistema que permite la conexión en el ámbito de las comunicaciones, las políticas y las culturas más allá de las fronteras. Se trata de un modelo "global"[52].

Una de las principales críticas al capitalismo radica en la depredación y explotación de los recursos naturales, así como en la contaminación del medio ambiente. El motor del capitalismo es la acumulación de riqueza, y estos objetivos a menudo prevalecen sobre los derechos sociales y la protección ambiental.

---

[52] Vázquez Fernández, Salvador. (2017). Jürgen Kocka, Historia del capitalismo. *Estudios sociológicos*, *35*(105), 701-704. Recuperado en 15 de octubre de 2024, de http://www.scielo.org.mx/scielo.php?script=sci_arttext&pid=S2448-64422017000300701&lng=es&tlng=es

Este modelo se basa en un mercado libre, donde la libertad de competencia y las leyes de oferta y demanda (hipotéticamente) regularían los costos de productos y servicios. Sin embargo, el capitalismo es propenso a crisis económicas recurrentes, lo que obliga al Estado a intervenir para corregirlas[53].

Debido a estas tendencias inherentes a la economía de mercado, la ausencia del Estado dentro del sistema capitalista es difícil de comprender. Aunque a los empresarios (capitalistas) no les guste la presencia del Estado, es necesaria su intervención cuando existen crisis económicas o se degradan los derechos de las personas (pobreza, hambre, desprotección de la seguridad social, violencia). Lamentablemente, las políticas estatales no siempre equilibran la balanza hacia la sociedad, benefician al poder económico capitalista en aras de evitar crisis económicas.

El sistema capitalista necesita del Estado, pero no como regulador y restriccionista, sino como aliado

[53] Carlos Marx le llamaba tendendencias, a los factores que propiciaban las crisis económicas. Eran las contratendencias las intervenciones del Estado para intentar enmendarlas.

para incrementar las riquezas. Cuando el Estado es aliado del capitalismo, se emprenden acciones para:

1. Garantizar certeza jurídica a las inversiones.
2. Generar políticas de seguridad que no pongan en riesgo los grandes negocios.
3. Formar académica y profesionalmente a los próximos empleados (universidades y centros educativos).
4. Condonar impuestos.
5. Proporcionar seguros crediticios y protección de las inversiones.
6. Ceder terrenos para el uso y explotación comercial, ampliar centros de operación.
7. Concesionar la explotación de recursos públicos.

Por ejemplo, en México en 1990 se aprobó el Fondo Bancario de Protección al Ahorro (Fobaproa), el cual, básicamente hizo que la deuda privada de la banca pasara a ser pública, dicho fondo surgió como una respuesta para enfrentar posibles crisis financieras de la banca privada en la época[54]. En otras palabras, el Estado asumió una crisis económica que afectó a

---

[54] Ramírez, S. (2023, 7 de junio). Claves para entender qué es el Fobaproa y por qué se sigue pagando. *Expansión Política* .https ://p.expansión.mx / m/20/06//07//que -es -el -fobaproa

los mercados financieros y tomó la decisión de absorber los riesgos del mercado subsanando con deuda y recursos públicos.

2.3. Socialismo y comunismo

El socialismo, como modelo económico, se basa en una ideología de izquierda que promueve la regulación del mercado y la intervención constante del Estado para controlarlo. Si bien, el capitalismo se caracteriza por la propiedad privada de los medios de producción, donde los capitalistas utilizan dicha propiedad para generar riqueza, en las políticas socialistas, la propiedad privada está principalmente controlada y regulada, pues es el Estado el encargado de establecer las normas del mercado, con el objetivo de evitar el enriquecimiento a costas de la explotación del trabajo.

Por ejemplo, en Cuba, los vehículos antiguos no pertenecen a las personas, no son propiedad privada, son propiedad del Estado, y éste les concesiona a individuos para su uso comercial. En Corea del Norte, la vivienda es propiedad del Estado, y éste administra las casas-habitaciones proporcionando vivienda a sus habitantes para su uso. Las políticas socialistas buscan la igualdad sobre la libertad.

En las políticas socialistas el mercado está supeditado por el Estado. Por ejemplo, el Estado interviene para prohibir los monopolios, regula los precios y establece parámetros de ventas, prohíbe venta de productos que considere son riesgosos para la población.

En el ideal socialista, las empresas no pertenecen al sector privado, sino que son públicas y están gestionadas por el Estado. De este modo, el Estado se encarga de generar empleo, y las ganancias obtenidas por estas empresas se destinan a financiar políticas sociales (en el ideal).

Pongamos otro ejemplo, "La Política de Vivienda". Hipotéticamente, en un modelo capitalista, el Estado se encargaría de licitar y contratar a empresas privadas para la construcción de viviendas, y a través de programas de financiamiento, otorgar créditos para que las personas puedan acceder a dichas viviendas, pagando a plazos y con los intereses correspondientes. Aquí en Estado es un mediador, entre la iniciativa privada y la sociedad.

En un modelo socialista, el Estado estaría en condiciones de operar una empresa estatal de construcción de vivienda, contratar a las personas para construir y generar un programa de vivienda de interés social para las personas, a un costo accesible, en comodato (préstamo) o de sesión de la propiedad (regalo). En una empresa estatal, el Estado asume los costos, pérdidas, riesgos y retornos de inversión.

¿Qué diferencias existen en una misma política de vivienda desde dos enfoques: capitalista y socialista? Ambas son perspectivas ideológicas, tanto económica y política que buscan resolver una necesidad social, la vivienda. Las críticas al capitalismo se fundamentan en la desigualdad para el acceso a derechos fundamentales, los cuales se transforman en bienes de consumo mercantil (salud, vivienda, educación).

Las críticas al socialismo radican en la supresión de libertades, sumisión y control social a las decisiones del Estado, y estancamientos de la economía producto del control de los mercados.

En la teoría, el modelo económico socialista aspira a eliminar las clases sociales, promoviendo una igualdad económica y social en la que no haya personas ricas ni pobres, sino una distribución equitativa de la riqueza y el aprovechamiento colectivo de los bienes públicos.

En la Europa de la primera mitad del siglo XIX, el término socialismo se utilizó para referirse a diversas teorías y movimientos que promovían la igualdad, la justicia social y un gobierno representativo del pueblo. Estos movimientos se oponían al individualismo, la competencia y el afán de lucro derivados de la propiedad privada capitalista, así como a los regímenes políticos establecidos, en favor de un sistema que priorizará el predominio de los productores libres[55].

¿El socialismo ha logrado eliminar las clases sociales o en realidad ha transformado sociedades en igualdad de pobreza sistemática? ¿Los gobernantes viven en las mismas condiciones sociales y económicas del pueblo gobernado?

Ante este panorama surge un cuestionamiento histórico: ¿Capitalismo o socialismo? Nos encontramos nuevamente ante el dilema de cómo orientar las políticas económicas, ya sea desde el

---

[55] Martínez Heredia, F. (2005, marzo). Socialismo. Conceptos y fenómenos fundamentales de nuestro tiempo. UNAM.

socialismo o el capitalismo. Sin embargo, esta respuesta está profundamente influenciada por nuestras ideologías, memoria histórica y sistema de valores en el que hemos crecido. Quienes defienden el capitalismo tendrán argumentos en contra del socialismo, y aquellos que apoyan el socialismo verán los aspectos más negativos del capitalismo.

Los conceptos cobran mayor relevancia cuando se analizan en su contexto. Tras la Segunda Guerra Mundial, por ejemplo, dos potencias ejercieron un dominio ideológico global: Estados Unidos, representando una ideología capitalista de derecha, y la Unión Soviética, inclinada hacia una ideología de izquierda socialista-comunista.

Tanto el socialismo como el capitalismo, en sus manifestaciones extremas, han generado consecuencias devastadoras para las sociedades. En el capitalismo, la búsqueda de libertades a menudo crea condiciones que limitan las oportunidades para amplios sectores de la población. Las fuerzas económicas tienden a dominar el poder político, lo que puede llevar a la destrucción gradual de los recursos naturales y a la vulneración de los derechos humanos, al ser considerados meros bienes de consumo.

Por otro lado, en el socialismo extremo, el hambre, la pérdida de libertades y el temor a la represión son comunes. Las lecciones de la historia nos han mostrado que este tipo de socialismo a menudo se asemeja a dictaduras militares, donde los líderes políticos son venerados casi como deidades.

2.4. Marxismo

En política, existen teóricos considerados clásicos, lo que implica que, aunque ya no estén vivos, las ideas que desarrollaron siguen siendo relevantes para entender nuestra realidad actual. Karl Marx es uno de estos teóricos, y en el ámbito de la política económica es un referente fundamental para comprender a nuestra sociedad actual.

El marxismo es un conjunto de teorías desarrolladas por el alemán Karl Marx, que busca explicar el desarrollo de la sociedad a través de la evolución histórica impulsada por la lucha de clases, principalmente entre opresores y oprimidos, representados por la burguesía (patrones) y el proletariado (los trabajadores).

Desde una perspectiva económica, el marxismo sostiene que el capitalismo se fundamenta en la explotación del ser humano por el ser humano y en el enriquecimiento a través de la plusvalía (que es el excedente generado por el trabajo de los obreros). Este excedente se convierte en ganancias que benefician a la clase burguesa, es decir, a los propietarios de los medios de producción se hacen cada vez más ricos gracias a trabajo de sus obreros.

Para Karl Marx, es fundamental que las personas desarrollen una conciencia de clase, esto es, que reconozcan la explotación de la que son víctimas. A través de la organización social y política, Marx plantea la necesidad de luchar contra el sistema capitalista para avanzar hacia modelos económicos que promuevan la justicia social, la equidad y la eliminación de toda forma de esclavitud56. La revolución de las consciencias tendría que comenzar con la clase obrera: "Los trabajadores no tienen nada que perder, salvo sus cadenas. Tienen un mundo por

[56] Escribió el libro “El manifiesto del partido comunista” donde busca generar la consciencia de clase.

ganar" son frases que se leen en el Manifiesto del partido Comunista escrito por Marx[57].

La hoz y el Martillo cruzado representan el emblema del comunismo. Significa la alianza de la clase trabajadora, el martillo refiriéndose a los trabajadores de la maquila, y la hoz a los campesinos.

Marx junto a Engels, publicaron tres tomos del libro "El Capital", un profundo análisis que contribuyó a la "crítica de la economía política". A la fecha, existen extensos cursos universitarios dedicados exclusivamente al estudio de "El Capital" y la influencia de la filosofía marxista.

2.5. Liberalismo

El liberalismo puede entenderse desde un enfoque político, ético y económico (por ello se habla de "liberalismos"). En el plano político, para el liberalismo el Estado debe limitarse y no interferir en lo que concierne a las libertades individuales.

[57] Marx, K., & Engels, F. (1848). El Manifiesto del Partido Comunista [Manifest der Kommunistischen Partei]. Liga de los Comunistas.

Dicho con otras palabras, el liberalismo, como doctrina política, aboga por limitar el poder del Estado en favor de los derechos individuales, que algunos liberales consideran naturales (es decir, anteriores y superiores al propio Estado) mientras que otros los ven como derechos históricos, conquistados a lo largo del tiempo y, en ocasiones, arrebatados a aquellos que se resistieron a reconocerlos como prerrogativas universales[58].

En el plano ético, el liberalismo defiende la autonomía moral de los individuos para decidir por sí mismos qué constituye una vida buena, tanto para ellos como para los demás, y qué comportamientos son necesarios para lograrla. Estas libertades deben estar en un marco de respeto y reciprocidad a los derechos de las demás personas. Una libertad que no afecte otras libertades.

La libertad de expresión de género en estados liberales no prohíben la manera de vestir de hombres y mujeres; por el contrario, en Estados no liberales, se promulgan leyes sobre los atuendos de las

---

[58] Squella, Agustín. (2019). Liberalismos. *ARQ (Santiago)*, (101), 146-149. https://dx.doi.org/10.4067/S0717-69962019000100146

personas (cabello corto en hombres, vestidos largos en mujeres, por ejemplo). Desde una visión económica, el liberalismo económico promueve la libre iniciativa de individuos y organizaciones para emprender actividades económicas lícitas en beneficio de quien o quienes así lo hagan. En esta corriente del pensamiento, se apuesta por las libertades individuales en un marco de convivencia social.

Esquema 4.
Los Liberalismos

La lógica de la economía del libre mercado es que el mercado se autorregula y por lo tanto no requiere la intervención del Estado, pues las leyes del mercado permiten prevenir crisis y sus amenazas; sin embargo, la libertad total al mercado (libre mercado) ha tenido consecuencias devastadoras en las economías globales, comprobado por la historia: la desregulación generalizada ha provocado crisis financieras, económicas y sociales con todas sus consecuencias negativas[59]. Ejemplo de ello son las crisis económicas de 1929 en Estados Unidos.

Recapitulando, el liberalismo económico es un sistema basado en la propiedad privada y en el cual las decisiones de producción se hacen por la iniciativa descentralizada de los agentes económicos, principalmente por las empresas, para obtener beneficios, bajo la señal del sistema de precios y en un contexto de competencia. El liberalismo económico es claramente una doctrina que defiende el capitalismo[60].

---

[59] Álvarez Texocotitla, Miguel. (2019). La Doctrina del Mercado Libre desde una perspectiva política. *Polis, 15*(1), 143-172. Recuperado en 16 de octubre de 2024, de http://www.scielo.org.mx/scielo.php?script=sci_arttext&pid=S1870-23332019000100143&lng=es&tlng=es.

[60] De Vroey, Michel. (2009). El liberalismo económico y la crisis. Lecturas de Economía, (70), 11-38. Retrieved October 23, 2024, from http://www.scielo.org.co/scielo.php?script=sci_arttext&pid=S0120-25962009000100001&lng=en&tlng=es.

2.6. Estatismo o Intervencionismo

Tras las trágicas experiencias provocadas por crisis económica que llevaron al colapso de las economías (la gran depresión y las posguerras), generando desempleo, pobreza y, en consecuencia, problemas sociales como la inseguridad, el hambre y las enfermedades, el libre mercado transitó necesariamente hacia una economía con mayor intervención estatal. Este enfoque, conocido como intervencionismo o estatismo, posicionó al Estado como actor principal para articular políticas que buscaban el fortalecimiento de la economía.

Pongamos un ejemplo de una crisis económica: imagina que una empresa deja de generar ganancias y, como consecuencia, ya no puede contratar empleados. Estos trabajadores, al perder sus empleos, también pierden su capacidad adquisitiva, lo que reduce su poder para comprar productos. Esto disminuye la demanda de bienes, lo que afecta a otras empresas que verán una caída en sus ventas. Así, las crisis económicas crean un círculo vicioso, donde el deterioro de un sector afecta negativamente a otros, debilitando el ciclo de comercialización.

El colapso total de la economía en 1929 indicó que la relación de *laissez-faire*[61] entre el mercado y el Estado ya no podía garantizar un crecimiento económico rentable ni la estabilidad social. Las élites culparon de sus problemas económicos al fracaso del mercado y por primera vez pidieron ayuda al gobierno federal, pidieron la intervención del Estado[62].

Así, después de la gran crisis de 1929 llamada "la Gran Depresión", surgió un modelo económico denominado "Keynesianismo" postulando la necesaria intervención del Estado en la economía de mercado para incentivar la generación de empleos y combatir la inflación.

Quizá sea muy confuso, pero es importante conocer las aportaciones del economista británico John Maynard Keynes respecto al papel del Estado intervencionista en la estabilización de la economía, a continuación, un resumen de las aportaciones de Keynes:

---

[61] Laissez faire es una expresión francesa que significa "dejen hacer" o "dejen trabajar libremente"

[62] Abramovitz, M. (2011). El Estado de bienestar estadounidense: un campo de batalla por los derechos humanos. En S. Hertel y K. Libal (Eds.), Derechos humanos en los Estados Unidos: más allá del excepcionalismo (pp. 46-67). Cambridge: Cambridge University Press.

> Keynes cuestionó la creencia predominante de que el libre mercado generaría automáticamente pleno empleo (Liberalismo)[63]. Keynes argumentaba también que el libre mercado no cuenta con mecanismos de auto equilibrio que puedan garantizar el pleno empleo. El principal argumento de la teoría keynesiana es que la demanda agregada —es decir, la suma del gasto de los hogares, las empresas y el gobierno— es el motor fundamental de la economía. Por ello, los economistas keynesianos abogan por la intervención del Estado a través de políticas públicas destinadas a alcanzar el pleno empleo y la estabilidad de precios: políticas fiscales, monetaria y cambiaria[64].

En escenarios de crisis económica, la intervención del Estado es imprescindible. Su papel consiste en regular el mercado y fomentar el desarrollo empresarial a través de diversas acciones de política económica, como la política fiscal (que puede incluir la reducción de impuestos), incentivar la inversión, y

---

[63] Esta idea sostenía que cualquier persona que buscara trabajo lo encontraría siempre y cuando los trabajadores flexibilizaran sus demandas salariales.

[64] Jahan, S., Mahmud, A. S., & Papageorgiou, C. (2014). ¿Qué es la economía keynesiana? *Finanzas & Desarrollo*

la política cambiaria, que busca regular el valor de la moneda (a eso le llamamos Macroeconomía)[65].

En las crisis económicas, no solo es esencial intervenir para evitar el colapso de las economías y la quiebra de las empresas, sino también para desarrollar políticas sociales en las que el Estado garantiza derechos fundamentales como la salud, la vivienda, la salud, fomentar el empleo y la seguridad social.

En las crisis económicas, ha sido necesario "El Estado benefactor" o de bienestar, que se distingue por la implementación de políticas asistencialistas que buscan mitigar la desigualdad, la pobreza y la exclusión social, brindando apoyo a los sectores más vulnerables de la población (políticas de ideología de izquierda). Algunos ejemplos de políticas asistencialistas: comedores comunitarios, tiendas de abasto a precios competitivos, becas para la educación básica, programas de vivienda de interés social (gratuita y a créditos accesibles), asistencia sanitaria pública, etcétera.

---

[65] El keynesianismo es una teoría económica formulada por John Maynard Keynes, expuesta en su obra *Teoría general del empleo, el interés y el dinero.*

Desde una perspectiva económica, el Estado benefactor busca mitigar las desventajas estructurales y sociales que afectan a las personas, garantizando al menos lo esencial para la vida: alimentación, vivienda y salud. A través de políticas asistencialistas, se proveen servicios de seguridad social, con un enfoque particular en la seguridad pública y sanitaria, asegurando un mínimo de bien.

Desde una perspectiva política crítica, las políticas asistencialistas han servido para perpetuar el poder, ya que cuando la sociedad se vuelve dependiente del Estado, los programas públicos pueden convertirse indirectamente en una forma de compra de votos, "clientelismo". De este modo, las políticas sociales y económicas se convierten en un mecanismo para mantener el control del poder público y asegurar la continuidad del poder político.

Marx sostuvo que el capitalismo está confinado a desarrollarse en tal forma que origine su propia destrucción, y urgió a los trabajadores a organizarse para apresurar su caída. Marshall argumentó que, a pesar de algunos defectos, es un sistema que promueve el bien de todos. Keynes muestra que tiene defectos profundamente arraigados que, sin embargo, pueden ser remediados. Marx está haciendo propaganda contra el sistema; Marshall lo defiende, y Keynes lo critica con objeto de mejorarlo[66].

2.7. Neoliberalismo

El neoliberalismo, o nuevo liberalismo, se refiere al resurgimiento del liberalismo económico y político como una respuesta para contrarrestar al Estado benefactor e intervencionista.

A finales de los años setenta y principios de los ochenta del siglo XX, el modelo asistencial empezó a revelar sus fallos: crisis fiscal del Estado, burocratismo, paternalismo y el agotamiento del pacto socialdemócrata entre el gobierno, los trabajadores y los empresarios. Este vacío fue llenado por el Estado neoliberal, promovido por corrientes y partidos conservadores que se dedicaron a desmantelar el *Welfare State* (estado benefactor) a través de drásticos recortes en el gasto público, la privatización de numerosas empresas estatales, la

---

[66] Robinson, Joan. (2022). Marx, Marshall y Keynes: tres criterios sobre el capitalismo. El trimestre económico, 89(356), 1175-1195. Epub 30 de enero de 2023.https://doi.org/10.20430/ete.v89i356.1663

apertura comercial y una fe ciega en el *laissez-faire*, es decir, en el libre mercado[67].

> En México, fue el neoliberalismo el que logró que en 1993 de las 1115 empresas estatales se redujeran a solo 203, implementando en ellas la inversión privada con el propósito de generar una mayor productividad. Tal es el ejemplo de Teléfonos de México (TELMEX), que hasta el día de hoy ha mostrado como resultado una mayor concentración económica y de desarrollo[68].

Para entender el neoliberalismo, es fundamental centrarse en dos conceptos clave: globalización y competitividad económica. Las empresas, a través de la inversión, impulsan el desarrollo económico de las regiones, principalmente al fomentar la creación de empleos y generar derrama económica. No obstante, las empresas tienen el poder de decidir dónde invertir su capital, lo que pone en juego la competitividad. Es decir, la habilidad de los estados para atraer inversión privada y hacer que estas inversiones resulten atractivas para las empresas.

---

[67] Fernández-Santillán, José. (2018). Valor público, gobernanza y Tercera Vía. Convergencia, 25(78), 175-193. https://doi.org/0.29101/crcs.v25i78.10373

[68] Instituto Mexicano de Contadores Públicos. (2019, 20 de marzo). *4 puntos clave para entender el neoliberalismo en México*. https:https : //imcp.o.mx /4 -puntos -cla-Pensilvania-enten-el--neoliberalismo -en -mexico/

Pongamos un ejemplo, Microsoft® decide abrir una planta tecnológica en Latinoamérica. Esa decisión incentivaría económicamente a la zona donde se instalaría la empresa. En ese momento empieza la competencia entre Estados para atraer la inversión privada. ¿Quién crees es más competitivo, Monterrey (México) o Puerto Príncipe (Haití)? ¿Por qué?

Un Estado es considerado competitivo cuando ofrece políticas atractivas para las empresas, como la reducción de impuestos, la capacitación profesional de los empleados, la disponibilidad de recursos naturales para su explotación, y la seguridad y certeza jurídica, entre otros factores. En algunos casos, los gobiernos otorgan concesiones de terrenos para la instalación de grandes fábricas y eximen a las empresas del pago de impuestos como incentivo por la creación de empleos. En contraste, un Estado que no garantiza la seguridad, que no promueve incentivos fiscales ni forma trabajadores competitivos según las necesidades y requerimientos empresariales, no resultará atractivo para la inversión y, por lo tanto, no será competitivo.

Una vez que las empresas se establecen en los Estados, se convierten en actores políticos con una gran capacidad de influencia por su poder económico. En los modelos neoliberales, una de las características principales es la preeminencia del poder económico sobre el poder político. Esto implica que las empresas y los grandes capitales tienen la habilidad de moldear políticas, influir en la toma de decisiones y conducir la legislación en favor de sus intereses económicos[69], aunque esto pueda generar desventajas para el Estado y la sociedad.

Gracias a la globalización, el poder del capital se incrementa debido a su capacidad para cruzar fronteras nacionales. Con solo un clic, se pueden retirar grandes sumas de inversión privada. Estas circunstancias refuerzan la subordinación del poder político al poder económico, ya que, si los Estados se niegan a implementar políticas favorables al capital, estos pueden trasladar sus inversiones a otro lugar, provocando problemas económicos como el desempleo en las regiones afectadas. Por ello, En los modelos neoliberales, es habitual que los gobiernos actúen en beneficio de la iniciativa privada para

---

[69] Zepeda Rodríguez , L. F., & Tello Ibarra, J. V. (2024). Agua embotellada: contemplaciones sanitarias entre el derecho humano a la salud y la industria privada. Cuestiones Constitucionales. Revista Mexicana De Derecho Constitucional, 26(52), e19558. https://doi.org/10.22201/iij.24484881e.2025.52.19558

garantizar inversiones, fomentar la creación de empleo y evitar la fuga de capitales.

El neoliberalismo se distingue por reducir el poder político del Estado y promover la libertad de mercado, la cooperación e intervención del Estado no para restringir, sino para crear condiciones favorables para las actividades comerciales y financieras del capital privado.

A diferencia del Libre Mercado, en el neoliberalismo se asumen "mercados con libertades" y con el respaldo del Estado para contrarrestar desventajas y propiciar las mejores condiciones para la explotación y generación de riqueza. Es un liberalismo económico fortalecido por el poder del Estado, en complicidad. En Palabras de Álvarez Texocotitla:

> Nunca ha habido un sistema de mercado completamente autorregulado. En las transformaciones económicas de los países industrializados, los gobiernos han desempeñado un papel activo, no solo protegiendo sus industrias a través de políticas comerciales, sino también promoviendo nuevas tecnologías. Además, las fallas de los mercados autorregulados, tanto en sus mecanismos internos como en sus

consecuencias, son tan significativas que justifican la intervención gubernamental. Por lo tanto, no hay una base intelectual sólida que respalde la idea de que los mercados, por sí solos, generan resultados eficientes y equitativos[70].

2.8. Feminismo

¿La mujer? Es muy sencillo, afirman los aficionados a las fórmulas simples: es una matriz, un ovario; es una hembra: basta esta palabra para definirla. En boca del hombre, el epíteto de «hembra» suena como un insulto; sin embargo, no se avergüenza de su animalidad; se enorgullece, por el contrario, si de él se dice: «¡Es un macho!»

Simone De Beauvoir
Primera parte del libro "El Segundo Sexo"

El feminismo es un movimiento político de las mujeres; es también un conjunto de posturas críticas que busca replantear la historia de exclusión de las mujeres. Se centra en las desventajas, las relaciones de poder y las discriminaciones que han enfrentado y aún enfrentan las mujeres debido a su condición de género. Esto incluye lo que significa ser mujer, su rol

[70] Álvarez Texocotitla, Miguel. (2019). La Doctrina del Mercado Libre desde una perspectiva política. Polis, 15(1), 143-172. Recuperado en 21 de octubre de 2024, de http://www.scielo.org.mx/scielo.php?script=sci_arttext&pid=S1870-23332019000100143&lng=es&tlng=es.

en la sociedad y las expectativas que las normas socioculturales tienen sobre ellas.

A lo largo de la historia del pensamiento político y económico, los grandes teóricos han pasado por alto la inclusión de un grupo social relevante e importante en la vida de todos los seres humanos: las mujeres.

Hay un libro sobre economía feminista que se llama *¿Quién le hacía la cena a Adam Smith?* de la autora Katrine Marçal. Este libro es una crítica profunda a las teorías económicas, pues las mujeres han sido excluidas del análisis económico y político y de la formulación respectiva de las teorías; las mujeres juegan un papel trascendental en la historia de la economía, gracias a los trabajos (no remunerados e invisibles) principalmente del hogar y de los cuidados. Trabajos en el ámbito privado que han permitido el desarrollo profesional de hombres en el ámbito público.

El feminismo surge como un movimiento político y teórico para visibilizar la presencia de las mujeres en la historia, la economía y la sociedad, así como su importancia en la construcción sociopolítica y cultural de las naciones. Además, busca destacar las desventajas históricas que han enfrentado las mujeres debido a las relaciones de poder desiguales entre lo femenino y lo masculino, que definen el deber ser y hacer en función del sexo biológico.

En el siguiente esquema se muestran las principales luchas del movimiento feminista en las llamadas "olas"[71], luchas que han logrado conquistar derechos y dar visibilidad a las desventajas históricas de las mujeres.

Esquema 5.
Las olas del movimiento feminista

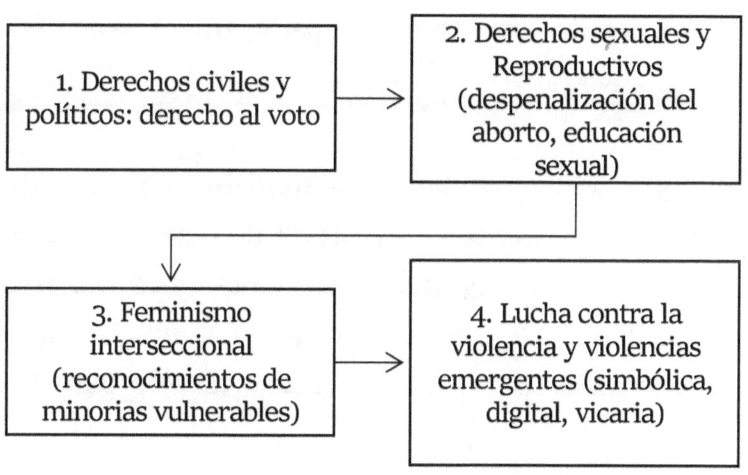

[71] Sánchez Ibarra, G. (2024, 7 de marzo). *8M: Las 4 olas del feminismo, su tiempo y evolución* . Laroussehttps ://lar.mx/sociedad-y -c/8-las-4-olas -del -femin-su-tiempo-y -evolución

Para el feminismo, es fundamental reescribir y repensar la historia que se ha contado de las mujeres, en ausencia de ellas: a lo largo del tiempo, las mujeres han sido invisibilizadas, consideradas irrelevantes y sus conocimientos desvalorizados. Por ello, el feminismo aboga por relatar nuevamente la historia desde una perspectiva femenina, destacando las violencias estructurales presentes tanto en la esfera pública como privada.

> El feminismo hizo sus estudios desde la perspectiva estratégica de la liberación de la mujer y la necesaria consecución de igualdad entre los sexos, es decir, que tiene como objetivo diagnosticar el estado de la población femenina y definir los caminos para transformar esa situación[72].

Aunque el movimiento feminista ha logrado importantes avances en materia de derechos, estos deben traducirse en políticas públicas y convertirse en realidades concretas. Por ejemplo, aunque en el siglo pasado se obtuvo el derecho al voto para las

---

[72] Alcívar López, Natividad De Lourdes, Montecé Giler, Salomón Alejandro, & Montecé Giler, Luis Alfredo. (2021). La igualdad y el feminismo. *Dilemas contemporáneos: educación, política y valores*, *9*(spe1), 00076. Epub 31 de enero de 2022.https://doi.org/10.46377/dilemas.v9i.2984

mujeres, no fue hasta 2024 que México eligió a su primera presidenta.

La película "Las Sufragistas" basada en la historia real de un grupo de mujeres luchando por su derecho al voto a principios del siglo XX, para comprender la ola feminista por el derecho al voto[73]; y la película "Figuras ocultas" sobre los desafíos de las mujeres en el marco del feminismo interseccional (visibilización racial y discriminación laboral)[74].

En el plano legal, gracias a la influencia de académicas y políticas feministas, se logró que el "feminicidio" se tipificara como delito en nuestras leyes; a pesar de ello, los asesinatos de mujeres siguen ocurriendo diariamente en el país. Por esta razón, las feministas consideran que la lucha debe ser continua, señalando las fallas del Estado y del poder público en el reconocimiento y protección efectiva de los derechos de las mujeres.

---

[73] Gavron, S. (Directora). (2015). *Las sufragistas* [Película]. Reino Unido: Pathé, Film4 Productions.

[74] Melfi, T. (Director). (2016). *Hidden Figures* [Película]. Estados Unidos: 20th Century Fox.

Recapitulando, el feminismo no es un odio contra los hombres, es una lucha por la igualdad de derechos y el combate contra la discriminación en razón de género, misma que obstaculiza oportunidades y coloca a las mujeres en condiciones de vulnerabilidad para ser víctima de atropello en sus derechos.

Actualmente se visibilizó la metáfora "El techo de cristal" para señalar las barreras que impiden la realización de la mujer en la vida pública, generado por los estereotipos y las construcciones culturales de las sociedades a través del tiempo. Los techos de cristal impiden que las mujeres asciendan hacia puestos de alta jerarquía y su realización personal en la esfera del reconocimiento público[75].

2.9. Anarquismo

Independientemente de que sus políticas y posturas ideológicas sean de izquierda o derecha, los Estados muchas veces no logran garantizar el bienestar colectivo, el desarrollo económico, la prosperidad, la paz o la seguridad. Esto genera descontento social,

[75] Comisión Nacional para Prevenir y Erradicar la Violencia Contra las Mujeres. (2019, 10 de enero). ¿Qué es el techo de cristal y qué pueden hacer las empresas para impulsar la igualdad de género? https://www.gob.mx/conavim/articulos/que-es-el-techo-de-cristal-y-que-pueden-hacer-las-empresas-para-impulsar-la-igualdad-de-genero?idiom=es

acciones que deslegitiman el poder público, inconformidades y, en ocasiones, oposición activa al gobierno. El anarquismo nació de la revuelta moral contra las injusticias sociales. Cuando aparecieron hombres que se sintieron ahogados por el entorno social en el que estaban obligados a vivir[76]. La anarquía se refiere a la ausencia de poder o autoridad central.

El anarquismo va más allá de las lógicas del Estado, cuestionando la necesidad de su existencia y problematizando su función, independientemente de la ideología que adopte. Desde esta perspectiva, el Estado es visto como un ente de dominación que restringe las libertades individuales y contribuye a la creación de una sociedad[77].

Los teóricos del anarquismo defendían un modelo de organización social fundamentado en la libertad, la solidaridad y la reciprocidad. En este sistema, la "naturaleza virtuosa" y el compromiso de los individuos con la sociedad permitirían una convivencia armoniosa sin necesidad de la intervención del Estado.

---

[76] Malatesta, E. (1977). *Anarquismo y anarquía*. Ediciones de la Flor.

[77] Rodríguez Casallas, Diego Fernando. (2016). La clave anarquista en el pensamiento de Michel Foucault*. Justicia, (30), 96-106. https://doi.org/10.17081/just.21.30.1352

2.10. Fascismo, Militarismo y Nacionalismo

¿Qué tienen en común Fidel Castro (Cuba), Adolf Hitler (Alemania Nazi), Augusto Pinochet (Chile), Francisco Franco (España), Benito Mussolini (Italia), Idi Amín (Uganda)? Fueron militares que se perpetuaron en el gobierno de sus respectivos países con el uso extremo del poder militar para reprimir a cualquier oposición.

El militarismo, como su nombre indica, es un sistema de gobierno que se fundamenta en las leyes, prácticas y estructuras propias de un régimen militar. El militarismo también ensalza la figura de un líder militar, un jefe de Estado cuya imagen se convierte en un símbolo de lucha, admiración e inspiración, llegando casi a ser objeto de veneración, similar a los cultos religiosos.

Bajo el esquema del militarismo, el fascismo y el nacionalismo extremo, no hay cabida para la democracia participativa ni para las libertades individuales, como la libertad de expresión, el derecho a la manifestación pública o la aceptación de la diversidad sexual y religiosa no avalada por el régimen.

A lo largo de la historia, el nacionalismo extremo ha sido evidente en regímenes como el de la Alemania nazi y la Italia de Mussolini, donde se promovía la idea de una nación suprema y una raza considerada superior. El racismo y el nacionalismo, en cuanto que modos de individuación y subjetivación, constituyen el soporte para la emergencia del fascismo[78].

Las políticas fascistas y nacionalistas militares han sido señaladas por violar los derechos humanos, ya que estos regímenes utilizan la fuerza para mantener el poder, justificando sus acciones en nombre del bienestar nacional, aunque en la práctica socavan los derechos fundamentales de las personas.

Te recomiendo ver la serie documental "Cómo se convirtieron en tiranos" (How to become a tyrant) en Netflix. Narra la historia de 6 tiranos en la historia contemporánea y las características de sus regímenes autoritarios[79].

[78] Bornhauser, N., & Lorca, D. (2019). Notas para una caracterización del fascismo. *Ideas y Valores, 68*(169), 61-81. https://doi.org/10.15446/ideasyvalores.v68n169.63303

[79] Ginsberg, D., Laufer, J., Bell Pasht, J., Dinklage, P., & Bekhor, J. (Productores). (2021). Cómo se convirtieron en tiranos [Serie-Documental]. Netflix.

El militarismo, el fascismo y el nacionalismo no pueden ser entendidos únicamente a través de una definición o caracterización; es fundamental realizar una revisión histórica para comprender el contexto en el que surgieron.

En la actualidad, existen corrientes de la psicología política que han investigado el comportamiento de los líderes autoritarios a lo largo de la historia, con el objetivo de ofrecer explicaciones psicológicas sobre actitudes relacionadas con el abuso de poder, el narcisismo y otros trastornos de la personalidad vinculados al uso extremo de la violencia para la represión social[80].

Conclusiones del capítulo

Las ideologías, corrientes de pensamiento y modelos político-económicos no son recetas exactas que cada gobierno sigue de la misma manera y bajo los mismos principios. Por ejemplo, el socialismo cubano tiene características que lo distinguen del socialismo norcoreano. De igual forma, aunque el capitalismo de

---

[80] Schwartz SA. Consciousness, authoritarianism, and political violence. Explore (NY). 2024 Jul-Aug;20(4):467-469. doi: 10.1016/j.explore.2024.05.007. Epub 2024 May 17. PMID: 38772760.

Corea del Sur comparte similitudes con el de Estados Unidos, opera bajo dinámicas propias en cada país, atendiendo las condiciones históricas y culturales.

El feminismo, como corriente de pensamiento con influencia global, no ha logrado impactar de la misma manera en el Oriente Medio, donde la religión y los gobiernos restringen y suprimen los derechos de las mujeres.

En México, a pesar de la adopción de políticas de izquierda, la desigualdad y la exclusión social siguen afectando a un gran número de personas. Las políticas de izquierda en América Latina han sido insuficientes para contrarrestar las profundas desigualdades económicas, una realidad compartida por muchos países capitalistas.

Los países socialistas han sido criticados por la represión de las libertades humanas; la violencia, la escasez de alimentos y medicamentos en regímenes autoritarios genera círculos viciosos en los que la población se vuelve dependiente del gobierno. Esta dependencia reduce la posibilidad de que la ciudadanía organizada amenace con la destitución de los círculos del poder político dominante.

El liberalismo y el capitalismo desmedido continúan generando condiciones de desigualdad, explotación, daño ambiental y marginación de amplios sectores sociales, que son desplazados de las economías productivas. Aquellos que logran integrarse a las cadenas productivas lo hacen generalmente bajo esquemas de explotación: bajos salarios y condiciones laborales precarias.

Frente a esta realidad, queda claro que no existen modelos completamente buenos o malos, correctos o perfectos. Existen decisiones tomadas por seres humanos cargados de un legado histórico, emociones, sentimientos, miedo, creencias, posturas, ideologías y toda clase de subjetividades. Detrás de cada política económica hay decisiones orientadas a gobernar para intentar mantener el orden en cada territorio y generar bienestar a la población.

Entre el liberalismo y el intervencionismo, existen dos obras clásicas de la literatura inglesa "1984" de George Orwell[81] y "Un mundo feliz" de Aldous Huxley[82] que nos permiten imaginar sociedades con modelos extremos: libertad total y control total del Estado.

---

[81] Orwell, G. (1949). *1984*.
[82] Huxley, A. (1932). *Un mundo feliz*.

El primer libro retrata una sociedad de vigilancia extrema, donde el Estado interviene en todos los aspectos de la vida, suprimiendo las libertades y censurando la información, mientras que el "Gran Hermano" observa todo. Por otro lado, "Un mundo feliz" presenta una sociedad tecnológicamente avanzada en la que no es necesario reprimir las libertades, ya que la excesiva libertad, placer y felicidad eliminan la posibilidad de cuestionar a la autoridad o de formar alianzas para desafiar el régimen.

RECOMENDACIÓN
Libro "El Ogro filantrópico" de Octavio Paz.
"Los liberales creían que, gracias al desarrollo de la libre empresa, florecería la sociedad civil y, simultáneamente, la función del Estado se reduciría a la de simple supervisor de la evolución espontánea de la humanidad. Los marxistas, con mayor optimismo, pensaban que el siglo de la aparición del socialismo sería también el de la desaparición del Estado. Esperanzas y profecías evaporadas: el Estado del siglo XX se ha revelado como una fuerza más poderosa que la de los antiguos imperios y como un amo más terrible que los viejos tiranos y déspotas"[83].

[83] Paz, O. (1998). El ogro filantrópico

Capítulo 3. POLÍTICAS PÚBLICAS, AGENDAS Y ACTORES

Introducción

En política, es común hablar de "la agenda", "los actores" y "las políticas públicas" expresadas en las acciones del gobierno: agenda, actores y políticas públicas son conceptos que están estrechamente relacionados.

Los distintos actores, ya sean sociales, empresariales, gubernamentales, académicos, medios de comunicación, organizaciones de la sociedad civil o incluso pequeñas agrupaciones como alianzas de vecinos, clubes deportivos o grupos artísticos, tienen la capacidad de organizarse y llamar la atención sobre problemáticas o necesidades que consideran importantes.

Esta organización, la toma de decisiones y las posturas adoptadas se reflejan en diferentes agendas. Primero surge una agenda social, que identifica el problema; luego, una agenda política, que busca influir en la toma de decisiones; y finalmente, la agenda gubernamental, en la cual el gobierno absorbe estas demandas y las traduce en acciones concretas. Este capítulo describe detalladamente la importancia de estos conceptos clave en la política:

agenda, actores y acciones gubernamentales (Políticas públicas).

3.1. Las políticas públicas

El nacimiento de las Políticas Públicas como campo académico surgió en Estados Unidos (a mitad de la década de los años cincuenta), cuándo diversos académicos universitarios se percataron que la labor gubernamental no podía anclarse a las ocurrencias o creencias, sino en conocimiento factible para poder solucionar problemas públicos.

Así, la disciplina de "las Políticas Públicas" fue expandiéndose como una necesidad para lograr gobiernos eficientes y con gobernanza, sugiriendo que el gobierno requería mayor conocimiento y herramientas técnicas para la toma de decisiones[84].

Existen diversos conceptos sobre las políticas públicas, el común denominador de ellas es que constituyen respuestas diseñadas y aplicadas, a través de procesos políticos y técnicos, para resolver problemas que, por su relevancia para importantes sectores de la sociedad, no son factibles de

---

[84] Franco, Julio. (2012). Diseño de Políticas Públicas. Ed. IEXE.

enfrentarse eficazmente desde el ámbito privado[85].Las políticas públicas se ocupan de estudiar y dilucidar las mejores estrategias para resolver problemas públicos[86].

En suma, las acciones de gobierno, que tienen como propósito realizar objetivos de interés público y que los alcanzan con eficacia y aun eficiencia, son lo que en términos genéricos puede llamarse política pública[87]. Las Políticas Públicas como proceso, implican una serie de pasos que van desde su diseño hasta su evaluación. Generalmente el proceso inicia con un diagnóstico, pasando por el diseño, ejecución y evaluación.

El Dr. José Luis Méndez (El Colegio de México) define las Políticas Públicas como "el conjunto de acciones desarrolladas por un Estado, a veces con la coparticipación de la sociedad civil, para resolver los problemas o atender las necesidades de una sociedad, a través de la provisión de servicios públicos. Se suelen concebir a partir de las etapas de

[85] Cardozo Brum, M. (2013). Políticas públicas: los debates de su análisis y evaluación. Andamios, 10(21), 39-59.
[86] Valenti Nigrini, G., & Flores Llanos, U. (2009). Ciencias sociales y políticas públicas. Revista Mexicana de Sociología, 71(spe), 167-191.
[87] Aguilar, L. (2010). Política pública: Siglo XXI.

problematización, diagnóstico, formulación, ejecución y evaluación"[88].

Esquema 6.
Etapas de las Políticas Públicas

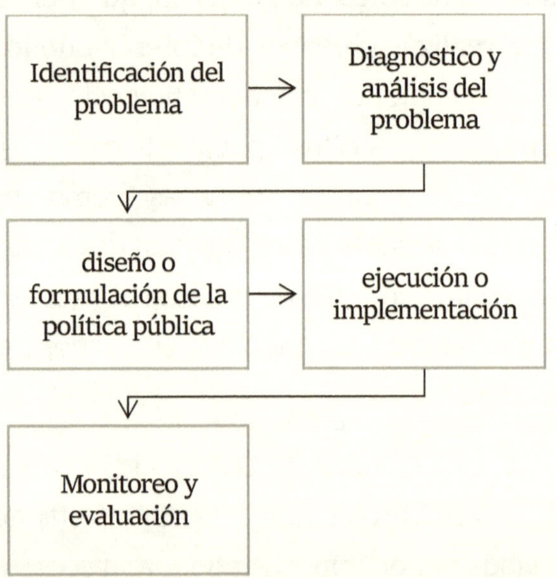

Fuente: Elaboración propia, a partir de Méndez, J. L. (2020)

Identificación del problema: Los problemas públicos se definen como situaciones o circunstancias que causan o causarán efectos negativos en una comunidad. Para ser reconocidos como

[88] Méndez, J. L. (2020). *Políticas públicas: Enfoque estratégico para América Latina*. El Colegio de México.

tales, deben estar generalizados y ser percibidos como una preocupación común por los miembros de la sociedad.

Por ejemplo, la inseguridad es un problema que afecta colectivamente a la comunidad. De igual manera la contaminación ambiental tiene efectos sobre la salud pública y por lo tanto es un problema que afecta a la sociedad.

Diagnóstico o Análisis del problema: Cuando un Estado identifica una circunstancia como un problema público y decide intervenir, el siguiente paso es determinar las causas que lo generan y encontrar una posible "solución". Este proceso implica realizar acciones analíticas para entender el problema y proponer medidas que lo mitiguen, mediante la recolección de datos, el análisis de esa información y la evaluación de las posibles consecuencias de la intervención.

El análisis de problemas puede llevarse a cabo mediante metodologías participativas que permiten recoger las opiniones y experiencias de las personas involucradas, así como a través de análisis cuantitativos que implican la recopilación de datos y su interpretación estadística.

El CONEVAL[89] sostiene que lo que se mide se puede mejorar. Esto nos invita a reflexionar sobre la importancia de contar con la información necesaria para plantear correctamente un problema público. No es suficiente con identificarlo; es crucial presentar un diagnóstico detallado que incluya datos específicos, como cuántas personas se ven afectadas y cuál es el impacto económico.

Formulación o Diseño de políticas públicas: Una vez que el Estado ha considerado la evidencia y las posibles repercusiones de su intervención, selecciona (en teoría) entre varias opciones la que mejor se ajusta a sus metas, capacidades y recursos. A partir de ello, elabora un plan de acción que detalla las actividades que se implementarán para abordar el problema público identificado.

Ejecución o Implementación: Esta es la fase en la que se activan las acciones planificadas durante la etapa de diseño, con el propósito de cumplir

[89] El CONEVAL es la institución del Estado Mexicano encargada de realizar la medición oficial de la pobreza y la evaluación de los programas sociales del Gobierno Federal.

los objetivos de la política. En este proceso, adquirió importancia la coordinación entre los actores participantes, la comunicación efectiva, el uso eficiente de los recursos disponibles, así como la gestión de situaciones imprevistas que pueden influir en el desarrollo de la implementación.

Monitoreo y evaluación: Esta fase del ciclo de políticas consiste en contrastar las decisiones adoptadas por el Estado para abordar o solucionar el problema público con los objetivos planteados, evaluando los resultados y el rendimiento de las acciones implementadas. Además, se busca analizar si los efectos de la intervención están generando una mejora en el problema que motivó dicha acción.

Las políticas públicas conforman la intervención del estado en respuesta a una situación problemática presente en la sociedad. Por ello, se entiende por políticas públicas un conjunto de instrumentos a través de los cuales el Estado, luego de identificar una necesidad (económica, política, ambiental, social, cultural, entre otras), implementa un conjunto de medidas reparadoras, construidas con la participación de los grupos afectados por los diversos problemas"[90].

Esquema 7.
Proceso de Políticas Públicas. Comparativo por Autores

Eugene Bardach (1998)	Julio Franco Corzo (2013)	Luis F. Aguilar Villanueva (2010)
Definición del Problema	Análisis del problema	Proceso de la Política
Obtención de información	Análisis de las soluciones	Formulación de la Agenda
Construcción de alternativas	Análisis de factibilidad	Definición de los Problemas Públicos
Selección de criterios	Recomendación de Política Pública	
Proyección de los resultados	Plan de Acción de Política Pública	
Confrontación de costos y beneficios		
¡Decida!		
¡Cuente su historia!		

[90] Arroyave Alzate, 2011, p. 96, citado en Lobelle, 2017.

El estudio de las políticas públicas se formalizó en Estados Unidos (1951), y desde entonces, diversos autores en diferentes contextos han propuesto enfoques para su análisis. Es importante señalar que las políticas no son respuestas únicas a los problemas, sino más bien expresiones finales de cómo abordar situaciones insatisfechas, considerando los intereses, las limitaciones y el marco general de acción que influye tanto en los asesores como a los tomadores de las decisiones[91].

3.2. Las Agendas: social, pública y de gobierno

En una agenda registramos nuestros compromisos, responsabilidades, fechas importantes, contactos de interés, notas e ideas. En pocas palabras, nuestras agendas personales contienen aquello que nos interesa y nuestros compromisos para administrar nuestro tiempo y recursos.

Cuando hablamos de "la agenda" (en el ámbito político) nos referimos precisamente a lo que el gobierno considera de interés primordial, como si se

[91] Abarca Rodríguez, A. (2023). LAS POLÍTICAS PÚBLICAS COMO PERSPECTIVA DE ANÁLISIS. Revista De Ciencias Sociales, (97), 95–103. Recuperado a partir de https://www.revistas.ucr.ac.cr/index.php/sociales/article/view/56444

trata de una lista donde se priorizan los temas a resolver. Cada gobierno, de acuerdo con sus ideologías, establece sus prioridades, y hay asuntos que quedan fuera de la agenda o simplemente no reciben la importancia que merecen, ya que no son considerados relevantes para ese gobierno en turno. De ahí la importancia de las agendas en los temas políticos.

Pero, ¿quién define las agendas? Las agendas la definen los actores políticos y grupos de interés: partidos, sindicatos, consorcios empresariales, universidades, centros de investigación, organizaciones de la sociedad civil, agrupaciones religiosas, etcétera. A pesar de que no es tan popular el concepto "agenda" en las pláticas y discusiones ciudadanas, "las agendas" son las que impulsan los temas de interés para la sociedad y que se traducen en políticas de gobierno.

Los partidos políticos tienen agendas y son generalmente esas las que se posicionan como prioritarias en el gobierno cuando acceden al poder público. Por ello, las agendas son sumamente importantes dentro de la política, puesto que se trata de la priorización de temas a tratar dentro de un gobierno. A continuación, veremos los diferentes tipos de Agendas:

Esquema 8.
Tipos de agenda

Elaboración propia con información de Casar y Maldonado (2009).

Por ejemplo, el maltrato animal puede no ser un tema prioritario a tratar para un determinado gobierno, pero si de repente se viraliza un video de un perro siendo maltratado, la sociedad puede manifestarse sobre dicho tema y exigir que existan medidas preventivas y de sanción para la violencia animal. Es decir, un problema es identificado colectivamente como un problema social, y por lo tanto la agenda social impulsa una agenda pública (movilización de actores para la incidencia) para influir en la agenda política.

Cuando es escasa la participación social y la ciudadanía no se involucra en la toma de decisiones, la agenda gubernamental se diseña a partir de lo que el gobierno considera prioridad, sin consensuar con la sociedad sobre sus necesidades o problemas públicos de interés por atender.

Por ejemplo, la "Agenda Feminista" reúne las prioridades que el movimiento feminista ha considerado que deben ser contempladas en las políticas públicas. Ellas impulsan una agenda que combata la brecha salarial, promover la educación sexual y derecho a decir sobre sus cuerpos (despenalización de la interrupción del embarazo), la visibilización de los cuidados como trabajos no remunerados.

Difícilmente se impulsaría una agenda sin la organización social, pero cuando existen movimientos sociales es más poderoso el mensaje de inclusión a las demandas colectivas, para que sean considerados en la agenda pública y posteriormente en la agenda gubernamental.

Muchas veces, cuando hay desorganización social y falta de interés público en participar en la toma de decisiones, la agenda pública se diseña de manera unidireccional. Es decir, no se considera a toda la población, por lo que solo se resuelven los problemas que son relevantes para quienes gobiernan, pero no necesariamente para el conjunto de la sociedad, que enfrenta problemas cotidianos. Por ello, la organización social es imprescindible para visibilizar asuntos que, aparentemente, pasan desapercibidos.

Por ejemplo, las personas que tienen acceso al agua potable con solo abrir la llave en sus hogares no percibirán la sequía como un problema que les afecta directamente. Sin embargo, eso no significa que el problema no exista. Lo que ocurre es que los problemas públicos no siempre son colectivos; a veces, afecta a poblaciones específicas, como agricultores, pescadores, residentes de una colonia o trabajadores de un sector sindical, entre otros.

En otras palabras, la magnitud de los problemas públicos varía. La escasez de agua, por ejemplo, afecta a regiones específicas del país. Quienes tienen el privilegio de abrir la llave y obtener agua potable probablemente no consideren la sequía como un problema relevante. No obstante, es una cuestión crítica para las zonas que carecen de agua o para los agricultores que dependen de ella para producir.

Del mismo modo, el incremento en los costos de los alimentos para animales no será importante para alguien que no tiene interés en las mascotas. Decidir qué problemas son relevantes y qué soluciones se pueden implementar para resolverlos es también una forma de hacer política y de ser sujetos políticos.

3.3. Los movimientos sociales

Como individuos, podemos asociarnos y formar alianzas cuando nuestros derechos se ven afectados colectivamente o cuando compartimos preocupaciones, ideales y aspiraciones, o buscamos dar respuesta a problemas públicos de naturaleza colectiva. Existen problemáticas que no pueden resolverse con una simple reunión vecinal o una audiencia pública con el gobierno.

Son situaciones que exceden las capacidades sociales inmediatas y requieren la implementación de políticas de Estado para ser abordadas. Por ejemplo, temas como la contaminación ambiental, el saneamiento de un río o la prohibición del tránsito de vehículos contaminantes no pueden solucionarse únicamente con una manifestación.

Se necesitan esfuerzos continuos y una incidencia social y política constante para proponer soluciones mediante políticas que regule o prohíban acciones contaminantes, o para exigir la asignación de los recursos necesarios para el saneamiento ambiental.

Este es un ejemplo claro de un movimiento social: la capacidad de movilización para influir en las políticas públicas, colocar temas en la agenda y priorizar la solución de problemas que afectan los derechos o intereses de un grupo social afectado.

Dicho de otra manera, existen problemas públicos que verdaderamente afectan a grupos grandes de personas, comunidades y sectores sociales, y, por lo tanto, la solución a estos problemas no se resuelve con una única decisión, requieren, de manera integral, respuestas a las demandas a través de políticas de Estado, legislación y presupuesto. Otro ejemplo es la desaparición forzada en México, un problema en constante crecimiento que golpea profundamente a las familias buscadoras, principalmente a las mujeres que dedican sus vidas a buscar a sus seres queridos.

Las familias que han sido víctimas de la desaparición de un familiar se han organizado colectivamente y, a través de movimientos sociales, han buscado hacer visible su situación para exigir soluciones gubernamentales y la asignación de recursos necesarios para la localización de sus seres queridos. Este es un ejemplo de un problema grave que afecta a miles de personas en México y que ha incentivado la movilización.

Solo a través de los movimientos sociales[92] se logra una cohesión con un sentido de pertenencia e identidad, permitiendo luchar para alcanzar objetivos que ayuden a resolver estos problemas públicos. No son problemas individuales, sino cuestiones de causas estructurales que conciernen a amplias comunidades. Existes movimientos sociales para combatir la contaminación ambiental, también hay movimientos sociales que pugnan por derechos

[92] Te recomiento consultar la Revista Mexicana de Estudios de los Movimientos Sociales. Ahí se publican constantemente investigaciones socio-políticos.

humanos como los derechos sexuales y reproductivos, o movimientos en busca de justicia.

En su obra *México: una democracia utópica*[93], Sergio Zermeño define los movimientos sociales (MS) con base en tres características clave:

1. principio de identidad que refleja una comunidad de intereses y objetivos compartidos.
2. la identificación de un adversario concreto, y
3. la relación entre el discurso y la acción del movimiento.

Según Zermeño, la interrelación de estos tres elementos permite evaluar el grado de integración y coherencia con los que se desarrolla la acción de un movimiento en particular[94]. Las organizaciones de los movimientos sociales ya no solo se manifiestan en las calles, también lo hacen desde las tribunas jurídicas y comienzan a adoptar un enfoque más

---

[93] Zermeño, S. (2003). México: una democracia utópica. El movimiento estudiantil del 68. Siglo XXI.

[94] de la Garza Talavera, Rafael. (2011). Las teorías de los movimientos sociales y el enfoque multidimensional. Estudios políticos (México), (22), 107-138. Recuperado en 20 de octubre de 2024, de http://www.scielo.org.mx/scielo.php?script=sci_arttext&pid=S0185-16162011000100007&lng=es&tlng=es.

propositivo, que se manifiesta, entre otras estrategias, en la creación colectiva de proyectos de leyes alternativas, tanto para reemplazar las existentes como para generar una nueva jurisprudencia (interpretación de la ley)[95].

3.3.1. Activismo virtual y la era de la información

Salir a las calles para expresar nuestras inconformidades, corear consignas e incluso practicar la desobediencia civil pacífica, son históricamente formas de organización social para la protesta pública. Sin embargo, en la actualidad contamos también con las arenas virtuales (espacios no físicos) donde se realizan manifestaciones que, con solo un clic, pueden alcanzar a todo el mundo. Estas plataformas generan empatía y apoyo social, sirviendo como herramientas poderosas para presionar a los gobiernos y demandar acciones concretas que solucionen problemas que afectan a distintos grupos sociales.

---

[95] Tavera Fenollosa, Ligia. (2020). El enfoque de la movilización legal en el estudio de los movimientos sociales. Revista mexicana de ciencias políticas y sociales, 65(239), 223-232. Epub 31 de enero de 2021.https://doi.org/10.22201/fcpys.2448492xe.2020.239.75457

El internet y el acceso a los medios de comunicación masivos, como las redes sociales, han fomentado nuestra capacidad de organizarnos y poner en la agenda informativa y política temas importantes. Estos medios permiten incentivar movimientos sociales, acciones colectivas, lanzar campañas masivas y visibilizar problemas y necesidades.

Hoy en día, podemos afirmar que, a través de las redes sociales y el activismo digital, los gobiernos atienden problemáticas que se canalizan mediante estos medios digitales. Basta con tomar una fotografía de un bache en la calle para llamar la atención, ya que las personas replican el contenido, y así llega a los tomadores de decisiones. Además, se han llevado a cabo campañas masivas en plataformas como *change.org* para solicitar a los gobiernos ciertas políticas y acciones.

El uso masivo de las redes sociales y los medios de comunicación digitales ha facilitado, por un lado, la organización social y hasta la consolidación de movimientos sociales; en estos contextos también se ha generado la manipulación de estos canales para evitar la formación de manifestaciones y controlar la opinión pública.

En algunos países dictatoriales, se ha llegado a censurar las redes sociales e incluso restringir el acceso a internet como una estrategia para mitigar las protestas y las manifestaciones públicas en las arenas virtuales.

Con los medios de comunicación tradicionales (televisión, radio, prensa escrita) la manipulación de la información y la modelación de la opinión pública se facilitaba pagando a los dueños de los medios de comunicación para dictarles una línea editorial. Con los medios digitales, la sociedad ya no solo consume información, es capaz de generarla, analizarla, compararla y replicarla. La comunicación pasó de ser únicamente pasiva a interactiva.

Los medios de comunicación digitales representan amenazas para regímenes antidemocráticos y es común la censura de estos medios. Ante estos desafíos, han surgido movimientos informáticos (hacktivismo) para defender desde las arenas virtuales la protección de datos, el hackeo de páginas oficiales y el boicoteo digital de grupos de poder.

El término "hacktivismo" surge de la combinación de las palabras "hacker" y "activismo". Marisa Avogadro lo describe como "un activismo político llevado a cabo por expertos en informática, que impulsan movimientos políticos a través de sitios electrónicos en Internet". Por su parte, Guiomar Rovira lo define como "un activismo ligado al espíritu de los hackers, cuya misión es romper códigos para garantizar el libre acceso a la información"[96]

Un ejemplo es "Anonymous", una organización de "hacktivistas" que, desde 2003, ha crecido utilizando ataques informáticos para acceder a información confidencial de interés público para apoyar diversas protestas y causas sociales[97].

Otro ejemplo es WikiLeaks, una organización de medios de comunicación multinacional y una biblioteca asociada. Fue fundada por su editor, Julian Assange, en 2006. WikiLeaks se especializa en el análisis y publicación de grandes conjuntos de datos de materiales oficiales censurados o restringidos

---

[96] Lechón Gómez, Domingo Manuel, & Mena Farrera, Ramón Abraham. (2019). El hacktivismo e Internet como territorio en disputa. Una mirada desde los marcos de acción colectiva. *Estudios políticos (México)*, (48), 115-131. Epub 04 de junio de 2020.https://doi.org/10.22201/fcpys.24484903e.2019.48.70423

[97] Martínez, A. (2022, febrero 28). Los ataques más impactantes de Anonymous en su historia. GQ México. https://www.gq.com.mx/entretenimiento/articulo/anonymous-y-sus-ataques-mas-importantes

relacionados con la guerra, el espionaje y la corrupción. Hasta el momento ha publicado más de 10 millones de documentos y análisis asociados[98].

3.4. Los poderes fácticos

¿Quién mueve realmente los hilos del poder? ¿Obedecen los políticos a los intereses de la población? En teoría, en una democracia es la sociedad la que se organiza y elige a sus representantes políticos para elaborar leyes y ejecutar acciones encaminadas a atender derechos de interés social, como la educación, vivienda, empleo, salud, entre otros.

Sin embargo, en nuestras democracias también intervienen grupos de poder que, aunque no se manifiestan directamente a través de su voto durante las elecciones, influyen permanentemente en el deber ser y hacer de las políticas en los Estados. A estos grupos les llamamos poderes fácticos. Poderes que tienen capacidad de influir en las decisiones gubernamentales.

---

98 WikiLeaks. (2015, 3 de noviembre). ¿Qué es WikiLeaks? https://wikileaks.org/What-is-WikiLeaks.html

Pongamos el siguiente ejemplo: en México, las enfermedades cardiovasculares asociadas a estilos de vida no saludables, como el consumo de comida chatarra y bebidas azucaradas, representan uno de los principales problemas de salud pública y de morbimortalidad. Ante este escenario, ¿por qué? las políticas no han regulado o prohibido la venta y comercialización de productos nocivos para la salud? La respuesta es que existen poderes fácticos que influyen en las políticas para proteger sus intereses de mercado. En este sentido, las grandes industrias transnacionales de comida chatarra constituyen un grupo fáctico que, con su poder económico, incide en la toma de decisiones, sin que esto represente una mejora en la salud de la población.

Otro grupo de poder fáctico son las corporaciones de los medios de comunicación. Durante muchos años, los medios tradicionales como la radio, la televisión y la prensa escrita representaron grupos de influencia masiva, ya que, a través de sus mensajes, se configuraba la opinión pública, se moldeaban los temas de discusión cotidiana y se influía en la agenda gubernamental. En este contexto, los medios de comunicación fueron apodados como el 'cuarto poder'.

En México, la historia ha sido testigo de cómo las principales televisoras del país posicionaban a los partidos políticos hegemónicos y delineaban las campañas políticas de los presidentes de la república.

> RECOMENDACIÓN
> Libro "Homo Videns, la sociedad teledirigida" de Giovanni Sartori
>
> En este libro, el politólogo italiano Giovanni Sartori analiza el impacto de la televisión y los medios masivos de comunicación en la conformación de la opinión pública, y por consiguiente en la Democracia. A través de una serie de ensayos, critica la transformación del ser humano de "Homo sapiens", un ser pensante, a un "ser teledirigido". Sartori sostiene que, en las democracias actuales, la imagen ha reemplazado a la palabra escrita, resultando en menos información y más desinformación, lo que contribuye al deterioro de la formación de una opinión pública basada en el razonamiento crítico[99].

[99] Sartori, G. (1998). *Homo videns: La sociedad teledirigida* . Tauro.

Sin duda, existen diversos grupos de poder fáctico. Como ya se mencionó, entre ellos están los medios de comunicación, las empresas transnacionales, los grupos religiosos, los sindicatos y el ejército. Cada uno de estos grupos tiene sus propios propósitos y objetivos que, cuando se ven vulnerados, activan toda una maquinaria de influencias con la capacidad de frenar políticas públicas o legislaciones.

3.5. De Actores y *stakeholders*

Como se mencionó anteriormente, el diseño y ejecución de políticas públicas no es sencillo, principalmente porque una decisión no siempre beneficia a todas las partes involucradas y ello produce diferencias y resistencias que pueden ser obstáculo para poder ejecutarlas.

En las políticas públicas hay personas o grupos que pueden verse afectados por ciertas decisiones y, por lo tanto, influyen para que las políticas no se implementen. A estos grupos de interés que influyen en las políticas se le llaman *Stakeholders*. Son conocidos también como actores políticos de alta influencia en las políticas públicas.

Por ejemplo, una política ambiental que busque reducir la contaminación del río y del aire podría llevar al cierre de empresas contaminantes. En este caso, los grupos empresariales se opondrían a la política debido a su impacto negativo en sus operaciones.

Por otro lado, las universidades, mediante investigaciones científicas, podrían actuar como aliadas, proporcionando datos y argumentos que respalden la política. Este ejemplo muestra cómo diferentes actores e intereses pueden desempeñar roles de aliados u opositores en el proceso de formulación de las políticas públicas.

La política está llena de intereses, gustos, ideas y particularidades. Quien ejerce el poder generalmente toma decisiones basadas en lo que considera mejor para los demás, a menudo influenciado por sus propias experiencias personales. Por ejemplo, si a un político le gusta el béisbol, es probable que sus políticas deportivas se centren en promover ese deporte. Del mismo modo, si otro político es aficionado a la charrería, es posible que su gobierno organice numerosos eventos de charrería para entretener a la población.

Si una mujer, madre soltera, llega a un cargo de toma de decisiones como gobernante, es probable que su política social se enfoque en proteger a las madres solteras. De igual manera, si un médico asume el poder, seguramente priorizará las políticas de salud. Aunque la política debería ser medida, imparcial y en cierto grado objetivo, es imposible separarla de los sentimientos, emociones, temores, conocimientos y experiencias individuales. Como actividad humana, está impregnada de todas estas subjetividades. Quien hace política deja una huella personal, ya que tiene la capacidad de influir en los demás a partir de sus propias vivencias.

En políticas públicas donde intervienen diferentes actores es necesario constituir *Redes de Políticas*, las cuales son definidas por Borzel como:

> "un conjunto de relaciones relativamente estables, que son de naturaleza no jerárquica e interdependiente, ligando una variedad de actores, quienes comparten intereses comunes en relación a una política e intercambian recursos para continuar compartiendo esos intereses, reconociendo que la cooperación es la mejor forma de lograr objetivos comunes"[100].

[100] Borzel, Tanja. 1998. "Organising Babylon: on the different conceptions of policy networks". Public Administration (76) 2: 253–73.

Una política pública diseñada en ausencia de la sociedad es una política parcial, que se orienta a lo que una sola parte considera un problema y que vislumbra una solución. Para ser política pública se requiere incorporar todas las voces, de quién vive el día a día, de quién vive y conoce el problema público.

3.5.1. Caracterización de los actores en las políticas públicas

En los estudios de políticas públicas, es crucial identificar y caracterizar a los actores involucrados en la toma de decisiones. Aunque una política busque objetivos legítimos y trate de dar solución a problemas comunes, si no contamos con un mapa de los actores involucrados y sus intereses, es probable que enfrentemos obstáculos que impidan su implementación debido a los argumentos de oposición.

Los actores pueden tener la capacidad de detener un proyecto de política pública, ejercen su poder como una posibilidad de paralizar o vetar una política (poder de veto). En función de su interés, también se puede caracterizar a los actores por el nivel de respaldo de una política (ser promotores y actores de apoyo).

El éxito de una política dependerá (entre muchos factores) de cómo se lleven a cabo las negociaciones con los diferentes actores involucrados, alcanzando acuerdos que satisfagan a todas las partes y evitando que las decisiones perjudiquen los intereses de los involucrados.

Esquema 9.
Tipología del posicionamiento del actor

		Poder De Veto	
		Bajo	Alto
Respaldo	Alto	Apoyo	Promotor
	Bajo	Indiferente	Bloqueo

¿Cuál es la importancia de caracterizar a los actores? La importancia radica en enfocar los esfuerzos hacia estrategias de persuasión y negociación con aquellos que pueden apoyar el proyecto de política pública y, además, tienen la capacidad de influir en la toma de decisiones.

Por ejemplo, unos vecinos deciden reducir los carriles de autos para ampliar las banquetas con el fin de brindar mayor seguridad al peatón y favorecer la movilidad. Los vecinos juegan un papel de promotores, pues tienen alto respaldo y su poder de veto es alto. Los automovilistas juegan un papel de bloqueo pues seguramente no respaldarán la propuesta o el respaldo será bajo, mientras su poder de veto es alto.

3.6. La participación ciudadana en las Políticas Públicas

Luis F. Aguilar Villanueva, académico experto en políticas públicas, señala la importancia de la participación de los ciudadanos en el proceso de elaboración de las políticas públicas desde un enfoque de gobierno abierto y democrático:

> Las políticas suelen incluir la participación de los ciudadanos, combinan la acción del gobierno con la de los ciudadanos según el tipo de problemas que se abordan y no todas son regulatorias, prescriptivas o prohibitivas de conductas. La

> posibilidad de que la democracia liberal se afirme internacionalmente y goce de la confianza ciudadana depende de los resultados de su gobernanza por políticas, que muestran que en términos de desarrollo social y crecimiento económico tienen un impacto mayor y más sostenido que la gobernanza por planes centrales de un gobierno dominante e impositivo (Aguilar, 2010; pp. 23)[101].

Cuando hablamos de participación ciudadana, generalmente pensamos en procesos electorales, en la credencial para votar y en las campañas políticas. La participación ciudadana en las elecciones es sumamente importante, pero no es la única participación existente y su ejercicio no se limita al voto. La participación ciudadana contempla diversas actividades por medio de las cuales las personas intervienen en las decisiones de la vida pública: plantean sus ideas, las discuten y reflexionan para en conjunto poder tomar las mejores decisiones para el bienestar colectivo. Esa es una premisa de la democracia participativa.

[101] Aguilar, L. (2010). Política pública: Siglo XXI.

En ese sentido, las políticas públicas son sumamente importantes porque delinean las acciones del gobierno para resolver un problema público o atender una necesidad social demandada. La diferencia entre un gobierno de "buenas ideas" u "ocurrencias" a un gobierno eficiente es justamente la articulación de políticas públicas efectivas que involucren la participación ciudadana. En otras palabras, sin participación ciudadana, el gobierno se vuelve un tomador de decisiones autocrático, vertical y ausente de la legitimidad ciudadana.

Lamentablemente, la profesionalización de los gobiernos en materia de políticas públicas no ha sido constante, por lo cual, muchas decisiones se toman en ausencia de diagnósticos participativos, sin involucrar a la sociedad, lo cual redunda en decisiones de política pública de manera vertical y centralizada, que muchas veces no cumplen los requerimientos de las poblaciones.

En otras palabras, las políticas públicas delinean las acciones del gobierno en cooperación con la sociedad para identificar y proponer soluciones a problemas públicos. Lo anterior no es una tarea sencilla, pues para lograrlo se requiere conocimiento para orientar la toma de decisiones, pero, además, la cooperación, participación e interés social para involucrarse en asuntos públicos.

La participación política no de reduce a los ámbitos electorales, requiere involucrarse activamente en los problemas comunitarios, en las necesidades de nuestro entorno y en las decisiones gubernamentales.

Fomentar la participación ciudadana es una tarea compleja y que requiere políticas estructurales más que programas parciales de fomento de participación ciudadana temporal; es diseñar políticas educativas que contemplen ejes sobre democracia, política, participación efectiva.

Frente a gobiernos autoritarios y que monopolizan la toma de decisiones, es crucial pensar en las generaciones venideras que tendrán en sus manos la democratización de las políticas públicas. La evidencia en nuestro país es amplia sobre la ausencia de participación en torno a las políticas públicas y que derivan en proyectos que no cumplen sus objetivos, costos, "faraónicos", orientados más al clientelismo y populismo que a la utilidad social.

Capítulo 4. CULTURA POLÍTICA, TRANSPARENCIA Y RENDICIÓN DE CUENTAS

Introducción

Como se mencionó anteriormente, los elementos constituyentes del Estado son el territorio, la población y la forma de gobierno. Sin embargo, también hay otro componente importante que configura la cohesión social, valores, el sentido de pertenencia y la identidad colectiva: la cultura.

Considerando que la cultura es la suma integrada de rasgos de conducta aprendida, manifestada y compartida por los miembros de una sociedad, y desarrollados por hábitos de masas[102], la cultura política refleja el cómo nos comportamos e interactuamos ante la política, ya sea de manera indiferente, renuente o con interés en ella.

Este capítulo examina los conceptos de cultura política y los desafíos que enfrenta la democracia en ausencia de una cultura democrática y participativa. También aborda fenómenos comunes en sociedades apáticas y reticentes a participar, donde se deja en manos los gobernantes la posibilidad de utilizar los

---

[102] Adamson, E. (1993). "La naturaleza de la cultura", en Harry Shapiro (Ed.), *Hombre, Cultura y Sociedad*. México: FCE. PP. 231-245

recursos para su propio beneficio, es decir, la corrupción. Asimismo, se analiza cómo combatirla mediante la transparencia y la rendición de cuentas, un derecho social que a menudo olvidamos y no ejercemos para prevenir los abusos de poder.

4.1. La cultura política

Hemos llegado al punto que inspiró escribir este libro: la cultura política. El desinterés, la apatía y la renuencia a involucrarse en asuntos públicos no son casualidades, tienen una causalidad. Esta causa radica en el alejamiento de una educación cívica y política para la formación de las múltiples generaciones, lo que ha dado como resultado un desconocimiento y bajo interés por la vida pública y política del país.

Lo anterior es un campo problemático. En una democracia donde las personas no participan y desconocen la manera de organización y operación del sistema político, se crean condiciones para que unas pocas decidan por la mayoría. Aunque no a todos y todas les guste la política, ésta forma parte de nuestra vida diaria.

A través de la política se decide cuánto presupuesto se destinará a la educación, qué medicamentos comprar para los hospitales y qué carreteras construir para llegar a diferentes destinos. Puede parecer poco importante o interesante, pero en realidad la política configura gran parte de nuestras vidas, incluso antes de nacer ya existen decisiones que impactarán de manera significativa en nuestro desarrollo.

Por ello, decidir involucrarse en la vida política, interesarse en ella, conocer y participar forma parte de los elementos que integran la cultura política participativa. No se puede "No tener cultura política", porque incluso el no interesarse y no participar forma parte de una "Cultura Política" ¿Qué tipo de cultura política? Los autores clásicos de la cultura política Gabriel Almond y Sidney Verba, quién a través de su obra *The civic culture* en (1963) clasifican la cultura política en tres tipos[103 y 104]:

---

[103] Eufracio Jaramillo, Jorge Federico (2017). La cultura y la política en la cultura política. Nueva Antropología, XXX(86),101-119.[fecha de Consulta 1 de Octubre de 2022]. ISSN: 0185-0636. Disponible en: https://www.redalyc.org/articulo.oa?id=15954569006

[104] Peschard, Jaqueline. (1994). La Cultura Política Democrática, Dirección Ejecutiva de Capacitación Electoral y Educación Cívica del IFE, México.

a) Cultura Política Súbdito o subordinada: surge cuando las personas están conscientes de la especialización de la autoridad gubernamental, pero guardan una relación pasiva hacia ella (Eufracio, 2017). Los ciudadanos están conscientes del sistema político nacional, pero se consideran a sí mismos subordinados del gobierno más que participantes del proceso político y, por tanto, solamente se involucran con los productos del sistema (las medidas y políticas del gobierno) y no con la formulación y estructuración de las decisiones y las políticas públicas (Peschard, 1994).

b) Cultura Política Parroquial: se crea en sociedades donde no hay una especialización de los roles políticos, por lo que la organización se hace con base en tradiciones (Eufracio, 2017). Los individuos están vagamente conscientes de la existencia del gobierno central y no se conciben como capacitados para incidir en el desarrollo de la vida política. Esta cultura política se identifica con sociedades tradicionales donde todavía no se ha dado una cabal integración nacional (Peschard, 1994).

c) Cultura Política participativa: los miembros de una sociedad se encuentran explícitamente orientados hacia el sistema político como un todo y toman un rol activo con respecto al desenvolvimiento del mismo (Eufracio, 2017). Los ciudadanos tienen conciencia del sistema político nacional y están interesados en la forma como opera. En ella, consideran que pueden contribuir con el sistema y que tienen capacidad para influir en la formulación de las políticas públicas (Peschard, 1994).

Para el filósofo Walter Lippmann[105], la sociedad se divide en dos tipos de clase de ciudadanos según su cultura política: la "clase especializada" y el "rebaño desconcertado", descritos a continuación:

a) La clase especializada se encuentra formada por personas que analizan, toman decisiones, ejecutan, controlan y dirigen los procesos de los sistemas ideológicos, económicos y políticos (generalmente son una minoría).

[105] Ackerman Rose, JM, et al. (2024). *El árbol de la democracia: Una introducción al pensamiento sobre la democracia a través de 140 autores y autoras y 10 conceptos clave* . universidadhttps : arboldeladem.cuaieed.un.mx /wp -contenido/subidas/202/09//El -ar-de -la-democracia com.pdf

b) El rebaño desconcertado se convierte en espectadores de la acción política, no en participantes. Se les debe domesticar mediante el control de masas (distracción y entretenimiento).

¿Te suena la frase "al pueblo pan y circo"? Hace referencia a que las personas con un podo de distracción y entretenimiento, no tendrán necesidad ni interés para cuestionar a los gobernantes. En otras palabras, el pan es para que no se quejen (del gobierno), y el circo para que no se interesen (en el gobierno).

La cultura política no se limita únicamente a creencias, actitudes y preferencias; aunque estos elementos son parte de ella, abarca mucho más. Se configura a través de sistemas de valores, representaciones simbólicas e imaginarios colectivos. En estos contextos, los actores comprenden sus esferas de poder y aportan sentido y coherencia a la diversidad y complejidad de sus relaciones de poder[106].

---

[106] Castro Domingo, Pablo. (2011). Cultura política: una propuesta socio-antropológica de la construcción de sentido en la política. *Región y sociedad*, *23*(50), 215-247. Recuperado en 21 de octubre de 2024, de http://www.scielo.org.mx/scielo.php?script=sci_arttext&pid=S1870-39252011000100009&lng=es&tlng=es.

Esquema 10.
La cultura política en perspectiva de los principales autores

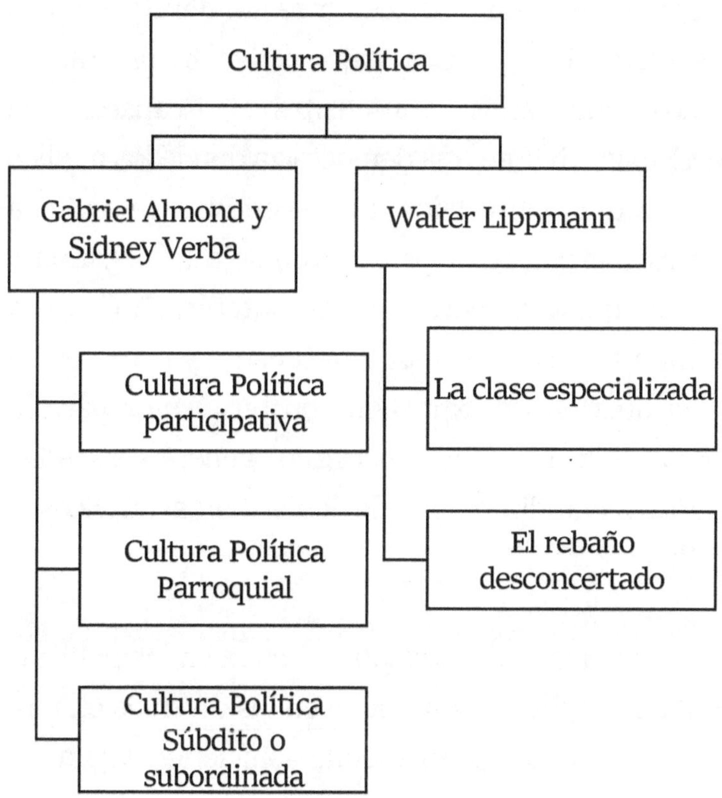

¿Tú a qué tipo de cultura política crees que te representa? ¿qué tipo de cultura política crees que predomina en la población de tu Estado? El fomento de la cultura política participativa requiere de un conjunto de estrategias en dónde la educación y los medios de comunicación juegan un rol protagónico.

Imagina vivir en una democracia dónde no nos enseñan sobre política para poder involucrarnos como ciudadanos conscientes y capaces de participar; vivir en una democracia dónde los medios de comunicación lejos de incentivar la cultura política participativa promueven solo lo negativo y nos van quitando poco a poco el interés. Por ello, la manipulación de las masas, la censura y la represión de la libertad de expresión son obstáculos para la democracia, la ponen en riesgo, generan sociedad apáticas e indiferentes de los asuntos públicos y políticos.

Una participación ciudadana efectiva en las políticas públicas implica involucrarse en las diversas etapas, diagnosticando y proponiendo soluciones, vigilando el ejercicio público, y, sobre todo, evitando desde los mecanismos de transparencia y rendición de cuentas que las políticas públicas sean ocurrencias, canales de corrupción y desvío de recursos públicos. No es una tarea sencilla, pero tampoco imposible.

RECOMENDACIÓN

"Mafalda" es un cómic que sigue las aventuras de una niña argentina ingeniosa y contestataria. Con su mirada "infantil", aborda de manera crítica y creativa temas complejos como la guerra, la crisis ambiental, las relaciones de género, la paz y la explotación laboral, desafiando situaciones problemáticas del mundo y planteando preguntas complejas en situaciones del día a día, cuestionamientos que parecen propias de los adultos[107].

Hasta ahora, es pertinente cuestionar la renuencia hacia la participación política y el desinterés social por los asuntos públicos y gubernamentales, ¿se trata realmente de una cultura política individual o es el resultado de un proyecto político que busca mantenernos desinformados y desinteresados? ¿Es más fácil gobernar a subordinados y rebaños? ¿Qué implica para quienes gobiernan tener ciudadanía participativa y exigente de transparencia y resultados?

---

[107] Cosse Isabella. "Ese monstruito": Mafalda, generaciones y género en una construcción mítica. Rev.latinoam.cienc.soc.niñez juv [Internet]. 2016 Jul [citado 2024 Oct 20] ; 14(2): 1549-1561. Disponible en: http://www.scielo.org.co/scielo.php?script=sci_arttext&pid=S1692-715X2016000200046&lng=es. https://doi.org/10.11600/1692715x.14245210915.

4.2. Corrupción, Transparencia y Rendición de Cuentas

La corrupción es uno de los principales problemas en los países en desarrollo y con democracias frágiles. Altos niveles de corrupción revelan la ausencia de instituciones y mecanismos efectivos para supervisar y sancionar prácticas que violan las leyes. Esto refleja una percepción del poder público como una oportunidad para el beneficio personal a costa de los recursos de la sociedad.

Por ello, en un escenario donde la sociedad no se involucra en los asuntos públicos y desconoce los mecanismos de transparencia y rendición de cuentas, se abren oportunidades para la corrupción, el desvío de recursos, y el favorecimiento de empresas privadas con conflictos de interés[108]. Generalmente, estos delitos permanecen en la impunidad, ya que no hay quien los denuncie ni quien les dé seguimiento hasta que se haga justicia.

[108] "Conflicto de intereses se da cuando una persona tiene la obligación moral de actuar en nombre de otros y esta acción se ve comprometida por los estrechos vínculos que tiene con un tercero". Fuente: La Rosa Rodríguez Emilio. Los conflictos de intereses. Acta bioeth. [Internet]. 2011 Jun [citado 2024 Oct 19] ; 17(1): 47-54. Disponible en: http://www.scielo.cl/scielo.php?script=sci_arttext&pid=S1726-569X2011000100006&lng=es. http://dx.doi.org/10.4067/S1726-569X2011000100006.

Andreas Schedler, en su obra *"Conceptualizing Accountability"*[109], argumenta que, en el ámbito político, la noción de rendición de cuentas tiene dos componentes fundamentales:

1. Implica que los políticos y funcionarios tienen la obligación de informar y justificar públicamente sus decisiones (responsabilidad).
2. La capacidad de sancionarlos en caso de que incumplan con sus deberes públicos (cumplimiento).

En este contexto, la rendición de cuentas no se limita únicamente a obligar la transparencia de la información o la presentación de informes sobre las acciones gubernamentales. También implica el derecho de todos los ciudadanos a recibir una explicación detallada y una justificación del ejercicio del poder por parte de los gobernantes.

Esto significa que deben responder a preguntas esenciales como: ¿Qué hacen? ¿Con qué recursos lo hacen? ¿Para qué lo hacen? ¿Cuánto costó? ¿A quién

---

[109] Schedler, A. (2004). ¿Qué es la rendición de cuentas? En "The Self-Restraining State: Power and Accountability in New Democracies". IFAI.

se contrató? ¿Qué beneficios generará? ¿A quiénes va a beneficiar?

Esquema 11. Representación de la Teoría de la Rendición de Cuentas

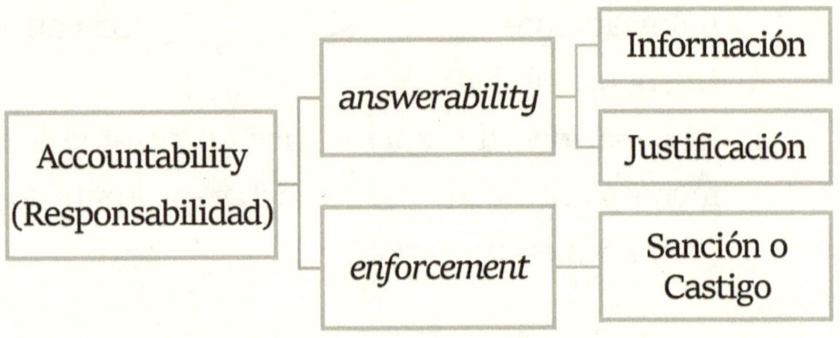

Fuente: Elaboración propia a partir de Schedler, 2024.

En el esquema anterior, se puede observar que la responsabilidad gubernamental se centra en informar y justificar sus acciones y decisiones, así como en aplicar sanciones cuando no se cumplen los objetivos o se perjudica al erario (presupuesto público).

El proceso de sanción o castigo *(enforcement)* es crucial como mecanismo de supervisión por parte de la ciudadanía. Esto asegura que los funcionarios públicos asuman las consecuencias de sus acciones, lo que incluye posibles sanciones en caso de violaciones al marco legal. En otras palabras, se trata del esfuerzo por garantizar el cumplimiento de las normativas a través de la aplicación de sanciones.

La corrupción consiste en el abuso del poder público con el objetivo de obtener beneficios personales. Esto puede manifestarse, por ejemplo, al otorgar contratos a empresas para realizar obras públicas a cambio de un porcentaje del pago, inflar presupuestos o aumentar los costos de materiales para obtener ganancias. También puede incluir la contratación de amigos, familiares o empresas fantasma, con el propósito de utilizar fondos públicos para fines privados.

La corrupción, facilitada por el tráfico de influencias, a menudo impide que las personas corruptas sean llevadas a juicio, ya que su poder les permite evitar investigaciones judiciales y procesos. En un país o Estado altamente corrupto generalmente hay circunstancias que favorecen la impunida: no se castigan ni sancionan.

La ausencia de sanciones conllevaría a la impunidad, lo cual fomentaría la proliferación de la corrupción y otras prácticas políticas-administrativas indebidas en el gobierno. A continuación, se presentan dos casos de corrupción polémicas en México que se presentaron en distintos gobiernos con corrientes políticas contrarias:

Caso 1. SEGALMEX Corrupción en "Gobierno de Izquierda"

La fiscalía general de la República (FGR) ha solicitado a un juez la emisión de órdenes de aprehensión contra cuatro exfuncionarios de Segalmex y prestanombres de empresas, por su implicación en un fraude relacionado con la compra de pesticidas por 50 millones de pesos, según confirmaron fuentes del Gobierno federal al diario español "EL PAÍS". El fraude consistió en una compra simulada de plaguicidas, abonos y fertilizantes realizada en 2020, durante la gestión de Ignacio Ovalle como director de la paraestatal, un cercano a López Obrador, bajo cuyo mandato se descubrió un desfalco multimillonario[110].

[110] Raziel, Z. (2024, 13 de octubre). Los nuevos escándalos de corrupción de Segalmex entorpecen el plan de Sheinbaum de bajar el perfil de la paraestatal. https ://elpais.com/México//2024 -10 -14/los-nuevos--escándalo-Delaware-corrup-Delaware-segmento-entorpec-el-plan-Delaware-Sheinbaum-de -b-el-perfil-Delaware-la-paraestatal.html

Caso 2. LA CASA BLANCA Corrupción en "Gobierno de Derecha"

El expresidente de México, Enrique Peña Nieto, junto con su esposa e hijos, vivieron en una mansión conocida como la "Casa Blanca", con un valor estimado de 7 millones de dólares. Una investigación realizada por el equipo de Aristegui Noticias reveló que la propiedad era del grupo empresarial que había recibido múltiples contratos de obra pública durante su gobierno. Estos contratos fueron otorgados por adjudicación directa, sin competencia entre proveedores, lo que facilitó una serie de acciones destinadas a enriquecer a dicho grupo empresarial[111].

La rendición de cuentas y transparencia se interpreta como un auténtico mecanismo de control ejercido por la ciudadanía sobre la gestión gubernamental. En la mayoría de países, por ley, se deben transparentar en las plataformas oficiales todos los contratos, licitaciones, facturas e información pública. A este conjunto de acciones de transparencia y rendición de

---

[111] Investigación realizada por Rafael Cabrera, Daniel Lizárraga, Irving Huerta y Sebastián Barragán; Fuente: Redacción Aristegui Noticias. (2014, 9 de noviembre). *La Casa Blanca de Enrique Peña Nieto (investigación especial)*. https : //áristeguinoticias.com/091/metro/la-do-licenciado en Derecho-Delaware-es-pena -n

cuentas para fomentar la participación y libertad a la información le llaman “Gobierno Abierto”. Los ciudadanos y ciudadanas tienen el derecho de hacer solicitudes de información pública.

> La Fiscalización es un método y técnica que consiste en el examen objetivo y sistemático de las operaciones realizadas por los ejecutores del gasto, para comprobar la certeza, veracidad y congruencia de la rendición de cuentas, de los objetivos planteados y de las metas alcanzadas[112].

Hoy en día, resulta inviable concebir un Estado que intente monopolizar, controlar, ocultar y manipular la información pública. La rendición de cuentas es un mecanismo para democratizar la actuación de los actores públicos, y con ello incentivar la participación de las y los ciudadanos. En ese sentido, valdría la pena plantear algunas preguntas de reflexión: ¿Sancionamos con el voto a los malos gobiernos o los premiamos preservando sus privilegios en el poder?

---

[112] Secretaría de la Función Pública, Gobierno de México. (2021). *Evaluación de la gestión gubernamental: Informe de resultados 2021*. https://www.gob.mx/cms/uploads/attachment/file/839366/Informe_de_la_Evaluacion_de_la_Gestio_n_Gubernamental_2021.pdf

4.3. El Gobierno Abierto

Probablemente, la forma más efectiva de enfrentar un gobierno corrupto sea mediante el enfoque del "gobierno abierto", ¿de qué se trata este enfoque? ¿es posible terminar con malos gobiernos y la corrupción?

Hay un amplio consenso acerca de las características de un gobierno abierto, entre las principales se encuentran: un gobierno que trabaja por la transparencia, promueve la rendición de cuentas y fomenta la participación ciudadana.

Por lo tanto, "abrir un gobierno" implica eliminar las posibilidades de ocultar información pública, alterarla o clasificarla como "confidencial". El enfoque de gobierno abierto implica que cualquier información pública debe estar disponible de manera accesible, la información debe ser clara y oportuna, y que pueda ser solicitada por cualquier persona, desde cualquier lugar, sin restricciones ni discriminación. Por todo lo anterior, el gobierno abierto involucra tres atributos principales[113]:

---

[113] Carmen López, Emilio del. (2022). Gobierno abierto y cultura de la legalidad. Hacia una propuesta de política pública en la Ciudad de México. *Estudios en derecho a la*

Esquema 12.
Atributos del gobierno abierto

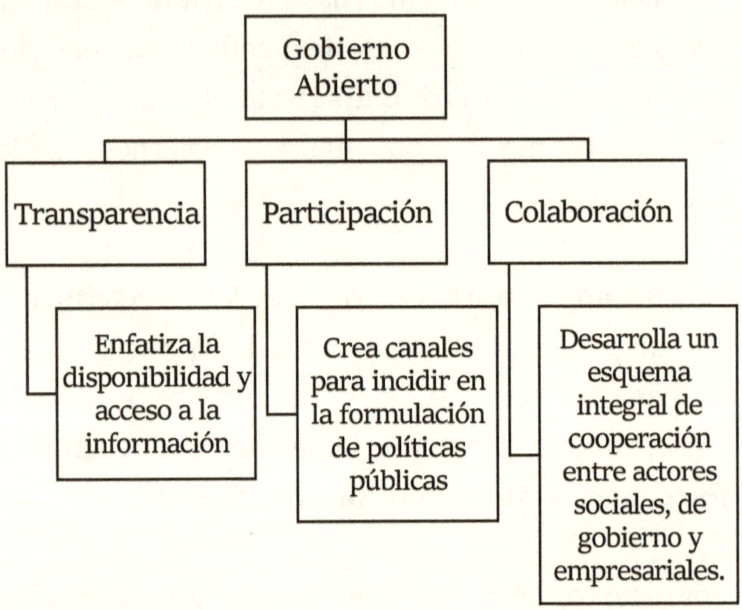

El gobierno abierto surge de un debate histórico sobre el derecho de los ciudadanos a acceder a la información gubernamental. Esta información se considera una herramienta fundamental para facilitar la toma de decisiones y se basa en la idea de la libertad de datos[114].

---

información, (13), 3-34. Epub 14 de octubre de 2024.https://doi.org/10.22201/iij.25940082e.2022.13.16377

[114] Sandoval-Almazán, Rodrigo. (2015). Gobierno abierto y transparencia: construyendo un marco conceptual. *Convergencia*, *22*(68), 203-227. Recuperado en 20 de octubre de 2024, de

Este enfoque hace uso de tecnologías digitales para mejorar el acceso a la información y los servicios públicos, así como la relación entre ciudadanos y gobiernos; por ello, el gobierno abierto se interpreta como una evolución natural de la administración electrónica hacia enfoques que enfatizan la rendición de cuentas ante la ciudadanía[115].

4.4. Gobernanza y Gobernabilidad

En política, los conceptos parecen ser interminables. Esta cualidad de las ciencias sociales (o quizás defecto), nos lleva a crear nuevos conceptos que nos ayuden a comprender fenómenos complejos para hacerlos específicos. En este contexto, el gobierno es un ámbito tan amplio que surgen nuevos términos para abordar áreas concretas, como la gobernanza y la gobernabilidad. Vamos a ver la teoría:

---

http://www.scielo.org.mx/scielo.php?script=sci_arttext&pid=S1405-14352015000200203&lng=es&tlng=es.

[115] García García, Jesús. (2014). Gobierno abierto: transparencia, participación y colaboración en las Administraciones Públicas. *Innovar, 24*(54), 75-88. https://doi.org/10.15446/innovar.v24n54.46441

> Hubert Mazurek distingue entre ambos conceptos. La gobernabilidad se refiere a las modalidades de poder y a la capacidad de las sociedades para fortalecer sus instituciones democráticas y políticas, abarcando aspectos como la consolidación de la democracia, la organización del Estado, la lucha contra la corrupción, la participación ciudadana, las condiciones para la estabilidad política y el sistema electoral. Por otro lado, el término gobernanza se centra en la mejora de la eficiencia de estas instituciones, aprovechando especialmente la aparición de nuevas formas de poder local, como la descentralización, el control social y la efectividad en la implementación de políticas[116].

Un concepto relacionado con la gobernabilidad es la legitimidad de los gobiernos, lo que implica que estos cuenten con el respaldo y la aceptación social en las decisiones que toman. En otras palabras, cuando un gobierno carece de gobernabilidad o es considerado ingobernable, se traduce en constantes disputas, desacuerdos y manifestaciones, lo que indica que sus

---

[116] Mazurek, H. (2009). Introducción. Gobernabilidad y gobernanza: El aporte para los territorios en América Latina. En H. Mazurek (Ed.), Gobernabilidad y gobernanza de los territorios en América Latina (pp. 13-29). Editorial Instituto Francés de Estudios Andinos.

decisiones no cuentan con el apoyo social necesario. La legitimidad es la condición que otorga justificación y consentimiento a quienes ejercen el poder. Esta cualidad, que confiere al poder una autoridad moral, reafirma el "derecho a gobernar" y fomenta la cooperación política[117].

Esquema 14. Elementos de la Gobernabilidad

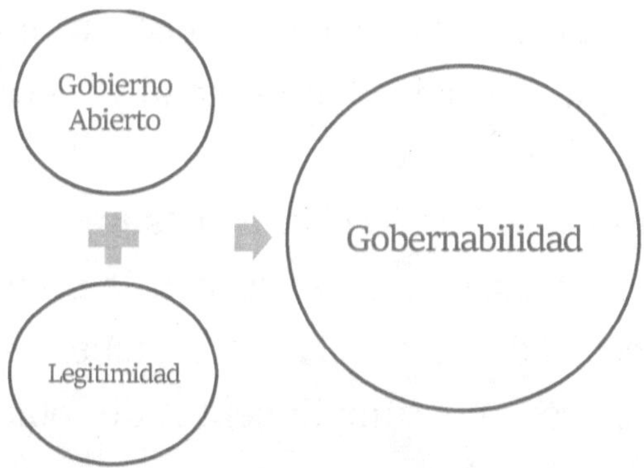

En este sentido, podemos afirmar que la gobernabilidad tiene dos cualidades específicas. En primer lugar, se relaciona con un gobierno abierto, que se caracteriza por la transparencia, la lucha contra la corrupción y el fomento de la participación

[117] Bruce Gilley, "The Meaning and Measure of State Legitimacy: Results for 72 Countries", European Journal of Political Research, 45, 3 (2006), pp. 499-525.

ciudadana. En segundo lugar, está la legitimidad, que se refiere al respaldo social que permite al gobierno tomar decisiones con el menor número posible de disputas.

La gobernanza, por su parte, se refiere al funcionamiento de las instituciones en el ámbito gubernamental, teniendo en cuenta características como la participación ciudadana y la inclusión de diversas voces en el proceso de toma de decisiones. También abarca principios como la eficacia, la eficiencia, la efectividad, la equidad y la economía.

Por ejemplo, la Recolección de Basura. Un gobierno puede ser eficaz si logra recolectar la basura de una ciudad en un día. Sin embargo, aunque la eficacia se relaciona con el cumplimiento de objetivos, es necesario cuestionar ¿a qué costo se logró el objetivo? En ese sentido, entra el juego la eficiencia, es decir, la relación entre el cumplimiento de objetivos en relación a los costos. Pongamos dos ejemplos:

Eficacia: El municipio de Miguel Hidalgo (Con 100,000 habitantes) tiene un sistema de recolección de basura que logra recolectar la basura con 100 vehículos y 1000 trabajadores. ¿Qué significa? Que por cada 10,00 habitantes hay un camión recolector de basura y por cada 100 habitantes hay un trabajador de recolección de basura. ¿Cuál es el costo de la eficacia del servicio?

Eficiencia: El municipio de Benito Juárez, con 100,000 habitantes, lleva a cabo la recolección de basura utilizando 80 vehículos y 700 trabajadores operativos. El gobierno ha decidido implementar campañas de concientización social para fomentar la separación de residuos, así como incorporar tecnología GPS en los vehículos para optimizar las rutas. Este gobierno es eficaz, ya que alcanza su objetivo de recolección de basura, y es eficiente porque lo hace a un costo reducido, gracias a estrategias de participación social y al uso de tecnología.

Así, la gobernanza permite tomar decisiones basadas en la óptima utilización de los recursos, además de facilitar que estas decisiones sean ampliamente discutidas y reflexionadas por los actores involucrados, logrando su incorporación. El gobierno debe convertirse en socio, habilitador y colaborador; es decir, debe gobernar con los ciudadanos[118].

---

[118] De la Paz Sosa, J. G. (2017). Introducción a la administración pública mexicana. INAI.

Esquema 14. Cualidades de la Gobernanza

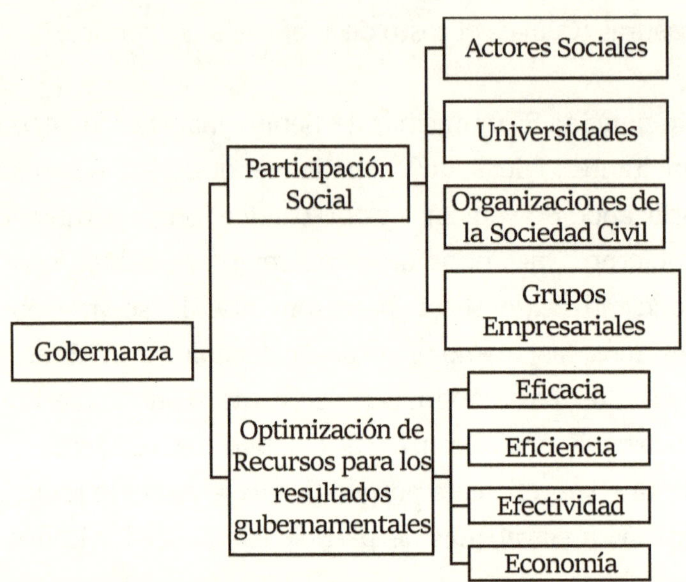

En gobiernos democráticos y transparentes, el binomio de gobernabilidad y gobernanza es fundamental, ya que implica adherirse a normas de rendición de cuentas, promover un gobierno abierto, fomentar la inclusión participativa y democrática, y utilizar eficientemente los recursos públicos, todo dentro de un marco de valores relacionados con la legalidad, anticorrupción y el buen gobierno[119].

[119] En México, el artículo 134 de la Constitución Política establece que los recursos económicos de que dispongan la Federación, las entidades federativas, los Municipios y las demarcaciones territoriales de la Ciudad de México, se administrarán con eficiencia, eficacia, economía, transparencia y honradez para satisfacer los objetivos a los que estén destinados.

Capítulo 5. CONSTITUCIONALISMO Y SISTEMA POLÍTICO

Introducción

El libro más adecuado y completo para explicar y comprender la organización y funcionamiento de un país es su Constitución Política. La Constitución es el ordenamiento legal más fundamental en un país, y su importancia es tal que existen tribunales superiores encargados de garantizar que nadie infrinja su contenido.

En países democráticos, las constituciones son documentos legales supremos que se respetan en su totalidad; sin embargo, estas constituciones son elaboradas por seres humanos, lo que implica que también pueden ser modificadas por ellos en función de intereses históricos, ideológicos, políticos y económicos.

Este capítulo es una mirada al sistema político constitucional, para examinar las características, la composición y el funcionamiento de diversos sistemas políticos en el mundo, así como la división de los poderes. Este análisis permite comprender cómo se relacionan el poder, las leyes y las instituciones.

5.1. La constitución política. Documento político supremo

Cuando compramos un juego de mesa, este viene acompañado de instrucciones y reglas. Los jugadores son conscientes de estas reglas y las respetan para mantener el orden, evitar trampas y asegurar que todos disfruten del juego. Si no existen estas instrucciones y reglas, cualquier participante podría interpretar el juego a su conveniencia, poniendo en desventaja a los demás y convirtiendo la experiencia en algo caótico y desagradable de jugar. Algo parecido sucede en los deportes: hay árbitros, jueces, lineamientos y sanciones.

No podemos comparar la vida política con un simple juego de mesa o un deporte, pero la vida social y la convivencia también están reguladas por distintas normas, existen leyes y una constitución suprema que nadie debería desacatar. En la constitución política se establecen los derechos humanos que los Estados deben proteger y garantizar (parte dogmática), además de describir la organización y el funcionamiento del aparato gubernamental, los poderes, las instituciones y el deber ser y su deber hacer (parte orgánica).

En las democracias contemporáneas, especialmente en los países de Occidente, la constitución política es el documento más importante que regula la organización, funcionamiento, operatividad y obligaciones del Estado para garantizar los derechos humanos. Ninguna nación, en teoría, improvisa su actuar, sino que se rige por normas nacionales supeditadas a la constitución política.

Es importante señalar que las constituciones políticas, como documentos rectores, no son escrituras divinas, intachables o inamovibles. La ley es creada por el ser humano, y como tal, tiene la capacidad de ser modificada. Por lo tanto, en las historias políticas de cada país, observamos que las constituciones no se mantienen rígidas, sino que han experimentado modificaciones o reformas a lo largo de los años, ya que las sociedades cambian con el tiempo y surgen nuevas problemáticas o fenómenos sociopolíticos y económicos que requieren adecuaciones, para permitir a los Estados actuar de manera más eficiente para resolver dichos problemas.

Cada país tiene un sistema político establecido en su Constitución o en su documento fundamental. La ciencia política ha empleado metodologías de política comparada para analizar las diferencias, similitudes, estructuras y funcionamiento de dichos sistemas. Dicho de otra manera: La política comparada es un área de estudio que se enfoca en el análisis y la comparación de sistemas políticos, instituciones y procesos en diversos países o regiones. Esta disciplina tiene como objetivo identificar patrones, similitudes y diferencias entre distintos sistemas políticos, con el fin de entender mejor el funcionamiento de los gobiernos y las sociedades[120].

5.2. Sistema Político Mexicano

México es el país más poblado de habla hispana, y su capital es reconocida como una de las ciudades más grandes del mundo. Gobernar a millones de personas requiere la implementación de un sistema político que supervise las leyes, las interprete y sancione (poder judicial), con una Cámara de Diputados y una Cámara de Senadores que representen a la

[120] García Jurado, Roberto. (2008). El método comparativo de Gabriel Almond. Estudios políticos (México), (13-14-15), 91-109. Recuperado en 26 de octubre de 2024, de http://www.scielo.org.mx/scielo.php?script=sci_arttext&pid=S0185-16162008000100091&lng=es&tlng=es.

ciudadanía y elaboren leyes (poder legislativo). Además, es necesario un poder ejecutivo, encabezado por el presidente o la presidenta de la República, que, a través de la administración pública, ejecute acciones para garantizar derechos fundamentales como la salud, la vivienda, la educación, el empleo, la seguridad, la paz, entre otros.

En ese sentido, sabemos que México es una democracia porque todas las personas mayores de 18 años votan para elegir a sus representantes. Entonces, es una democracia "representativa", pero ¿Quién nos representa? 1 presidente, pero también una cámara de 500 diputados y 128 senadores, y 11 ministros[121] que vigilan que se respete la constitución política. La Constitución Política establece lo siguiente:

> Art. 40.- Es voluntad del pueblo mexicano constituirse en una República representativa, democrática, laica, federal, compuesta de Estados libres y soberanos en todo lo concerniente a su régimen interior; pero unidos en una federación establecida según los principios de esta ley fundamental[122].

---

[121] La reforma judicial de 2024 planteó reducir a 9 ministros la integración de la Suprema Corte de Justicia de la Nación.

[122] Constitución Política de los Estados Unidos Mexicanos.

El artículo anterior puede parecer complicado, confuso y hasta un remolino de distintas formas de gobierno. Muchas personas no conocen la forma de gobierno de su país, o tal vez han escuchado algo al respecto, pero no le entienden por completo. Vamos por partes:

En México hay 32 Entidades Federativas. Eso quiere decir que somos 32 Estados con soberanía e independencia, pero unidos juntos en una nación llamada Estados Unidos Mexicanos. Así es, estamos unidos... A esa unión dada a través de un pacto (constitución) se le conoce como *Federación*. Por ello México es una Federación, por eso a veces se le dice "La Federación Mexicana"

> El federalismo se entiende como la unión duradera de distintas comunidades políticas que se organizan en sistemas legales, con el objetivo de crear un orden legal más amplio y diferenciado. Este orden incluye al menos dos niveles de gobierno, cada uno con sus propios poderes establecidos constitucionalmente[123].

---

[123] Gaudreault-DesBiens, Jean-François. (2006). Federalismo y Democracia. Boletín mexicano de derecho comparado, 39(117), 671-691. Recuperado en 20 de octubre de 2024, de http://www.scielo.org.mx/scielo.php?script=sci_arttext&pid=S0041-86332006000300003&lng=es&tlng=es.

El federalismo es la organización política del Estado mexicano en la que los estados de la federación son soberanos y están unidos mediante un pacto federal en sus tres niveles de gobierno: federal, estatal y municipal.

¿y Por qué le dicen también República Mexicana? Porque también somos una República. El poder público no recae en una sola persona, si bien el presidente es el representante del Poder Ejecutivo, hay un Poder Legislativo que elabora las leyes, aprueba el presupuesto público y evalúa las diversas políticas que se implementan en el país.

No es necesario que un país sea una federación y una república al mismo tiempo. Por ejemplo, la República de Chile está compuesta por regiones, pero estas no son independientes ni soberanas; se rigen bajo una única constitución y un solo poder ejecutivo, legislativo y judicial a nivel nacional. En contraste, México, al ser una federación, otorga a cada uno de sus estados o entidades federativas un gobernador electo, su propia constitución política, un tribunal superior de justicia y una cámara de diputados que se encargan de los asuntos locales.

5.3. La división de poderes

La división de poderes ha sido un mecanismo constitucional clave para prevenir gobiernos autoritarios, dictatoriales y abusivos. En una democracia, es fundamental preservar estos mecanismos para evitar la concentración del poder en una sola persona, incluso si ha llegado al cargo mediante el voto mayoritario.

La división de poderes es una manera de estructurar el poder público en diferentes países; sin embargo, cada uno adopta características específicas según su influencia histórica, legado constitucional y tamaño poblacional. Aunque sea repetitivo, es necesario poner especial énfasis en que la división de poderes en una República es fundamental para evitar que una sola persona concentre todo el poder. Este principio, en su acepción más conocida, busca impedir la concentración del poder en una sola persona u órgano, característica típica de los Estados absolutistas[124]. A continuación, se presenta un comparativo de la división de poderes en cuatro

[124] Flores Andrade, A. (2024). El principio de división de poderes. Una revisión crítica. Cuestiones Constitucionales. Revista Mexicana De Derecho Constitucional, 25(51), E17162. https://doi.org/10.22201/iij.24484881e.2024.51.17162

países de América: México, Chile, Colombia y Canadá:

Esquema 15. Comparativo división de poderes en países de América

	Ejecutivo	Legislativo	Judicial
México	Presidente, periodo de 6 años.	Cámara de Senadores: 128 integrantes. Cámara de Diputados y diputadas: 500 integrantes	Suprema Corte de Justicia de la Nación: 11 ministros
Chile[125]	Presidente, periodo de 4 años.	Senado (50 miembros) y Cámara de Diputados y Diputadas (155 integrantes).	Corte Suprema, compuesta de 21 miembros
Colombia[126]	Presidente, periodo de 4 años.	Cámara de Representantes (163 miembros) y un Senado (102 miembros).	Corte Constitucional: por la Corte Suprema de Justicia y por el Consejo de Estado
Canadá	Rey (jefe de Estado) y primer ministro, (jefe del gabinete o consejo de ministros) Parlamento: (105 Senadores) (338 Comunes)		*Supreme Court of Canada*

[125] Sistema Político de Chile: https://www.chile.gob.cl/chile/sistema-politico

[126] Información de la Embajada de Colombia: https://embajadadecolombia.org/generalidades/sistema-gobierno/

La existencia de diferentes poderes garantiza que no se tomen decisiones que perjudiquen a la colectividad. A esto se le denomina los contrapesos del poder, donde ningún poder se encuentra por encima o debajo de los otros.

La división de poderes no implica que estos sean opuestos o que no puedan colaborar. De hecho, en la mayoría de los países existen acuerdos, negociaciones y consensos con los cuales se toman decisiones en función de los intereses supremos de la nación. En países como las monarquías parlamentarias, por ejemplo, el poder ejecutivo y el legislativo trabajan juntos (parlamento), supervisados por la corte suprema, para evitar decisiones contra los principios constitucionales.

En México, la Constitución Política[127] es la ley suprema, por ser el máximo ordenamiento jurídico en nuestro país. La organización política emprende la necesidad de contrapesar el poder de los distintos niveles de gobierno de una manera vertical y horizontal, de ahí el principio del federalismo (basado en las teorías políticas de Montesquieu). A

[127] Promulgada el 5 de febrero de 1917, en Querétaro, México. Contiene 136 artículos y 19 transitorios. Constitución Política de los Estados Unidos Mexicanos.

continuación de muestran los actores políticos a partir de la división de poderes y los niveles de gobierno en México: Federal, Estatal y Municipal.

Esquema 16. Federalismo y República en México

		República: Separación de Poderes		
		Legislativo	Ejecutivo	Judicial
Federación Soberanía de las Entidades, unidas por un pacto federal, la Constitución Política	Federal	Congreso de la Unión: Cámara de Diputados y Cámara de Senadores	Presidente(a) de los Estados Unidos Mexicanos	Suprema Corte de Justicia de la Nación
	Estatal	Congreso del Estado Local (Cámara de Diputados Local)	Gobernador Constitucional	Tribunal Superior de Justicia
	Municipal[128]	Cabildo (regidores, síndico) Presidido por un alcalde (presidente Municipal)		X

[128] Los gobiernos municipales son el nivel de gobierno más cercano a la población en México. El artículo 115 de la Constitución establece sus competencias, obligaciones y atribuciones. Los ayuntamientos, a través del Cabildo, emiten reglamentos municipales.

Representación en diagrama de Venn sobre la división de poderes en México (Contrapesos y balance del poder)

Representación sobre la división de poderes en México (Distorsión o desequilibrios del poder)

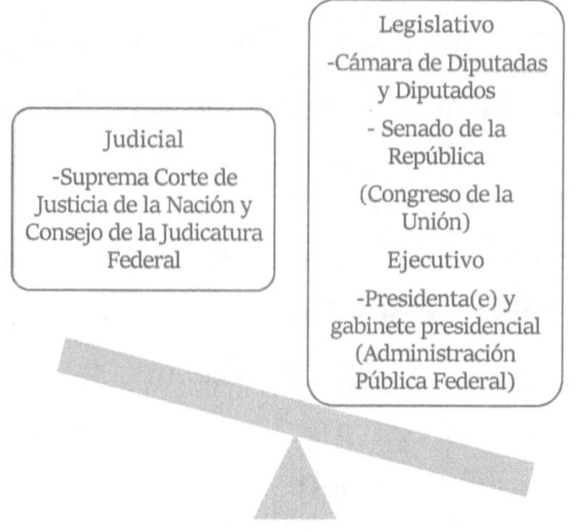

En teoría, ningún poder está por encima de otro; más bien, coexisten y cada uno contribuye, desde sus responsabilidades constitucionales, al desarrollo y bienestar del país. Sin embargo, en la práctica, esto no siempre sucede. Cuando un partido político logra controlar tanto el poder ejecutivo como el legislativo, estos pueden aliarse y concentrar poder en una sola persona o en los intereses de un grupo, lo que pone en riesgo los principios constitucionales de la república.

Es importante señalar que el sistema político determina las características de la organización y el funcionamiento de las autoridades. Por ejemplo, aunque en todos los países republicanos existe un poder ejecutivo, su nombramiento varía: en algunos se elige mediante voto popular directo, mientras que en otros es el parlamento el que designa al jefe de gobierno. Esto nos lleva a observar las diferencias entre el presidencialismo y el parlamentarismo.

En un sistema presidencial:

1. El presidente actúa como jefe de Estado y jefe de gobierno al mismo tiempo.
2. La elección del presidente se realiza de manera directa o semidirecta (como en el caso de Estados Unidos).

3. El jefe de gobierno y su gabinete son designados y pueden ser removidos por el presidente, no por el órgano parlamentario.
4. Existe una clara separación entre los poderes Ejecutivo y Legislativo.

En un sistema parlamentario:

1. El jefe de Estado y el jefe de gobierno son personas diferentes (en las monarquías parlamentarias, como el Reino Unido, el rey es el jefe de Estado).
2. Los miembros del Parlamento son elegidos mediante voto popular.
3. El jefe de gobierno y el gabinete son nombrados por el Parlamento y pueden ser destituidos por este.
4. Los poderes Ejecutivo y Legislativo no están separados; en cambio, se comparten[129].

Como se mencionó en páginas anteriores, en Canadá, por ejemplo, el jefe de Estado es el rey de la corona del Reino Unido de Gran Bretaña[130], mientras que el jefe de gobierno es el primer ministro, quien es designado por el parlamento.

---

[129] Instituto Federal Electoral. (2009). Sistemas políticos y electorales contemporáneos: Corea del Sur (Pedro Aguirre, Coord.). Primera edición.
[130] Canadá pertenece a la Corona Británica. Es una monarquía parlamentaria.

5.3.1. El Poder Legislativo

¿Cuál es la diferencia entre un diputado y un senador? Tal vez te lo hayas preguntado en algún momento. Ambas figuras representan al poder legislativo, es decir, se encargan de elaborar leyes. También se le conoce como "cámara baja" a la de los diputados y "cámara alta" a la de los senadores.

El término "senado" proviene de la palabra latina "senex," (viene de senectud) que significa adulto mayor. En la antigua Roma, el senado estaba compuesto por los ancianos de las ciudades, quienes, por su experiencia, eran considerados capaces de tomar las decisiones adecuadas para el bienestar de las República.

En México, el senado está formado por 128 senadores y senadoras, elegidos cada seis años. Aunque al igual que los diputados, los senadores también elaboran leyes y aprueban los presupuestos (la asignación del dinero para las políticas del gobierno), tienen atribuciones específicas, como nombrar a los ministros de la Suprema Corte de Justicia y aprobar acuerdos de política exterior.

Esquema 17. Etapas para hacer una ley en México (Simplificación)

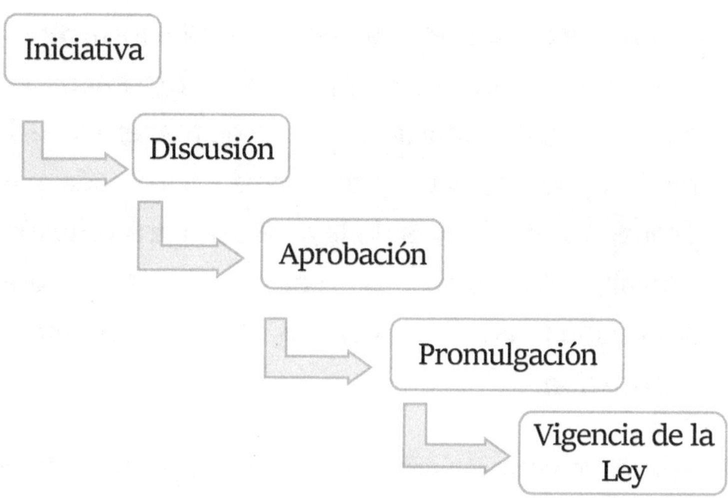

Las iniciativas de ley, es decir, las propuestas, pueden ser presentadas tanto por los legisladores y legisladoras como por el presidente o presidenta de la república. Una vez que la iniciativa entra en la Cámara de Diputados o en el Senado, se asigna a la comisión correspondiente.

¿Qué es una comisión? Antes de que la iniciativa se envíe al pleno, donde se votará, pasa primero por una comisión. Esta comisión está compuesta por un grupo de diputados y diputadas seleccionados según su experiencia, formación académica o interés en áreas temáticas específicas, como ciencia, agricultura, ganadería o salud. En estas comisiones, las iniciativas se discuten y perfeccionan, y, a través de un dictamen, se someten posteriormente a votación en el pleno. La Cámara de Diputados y el Senado de la República no operan de manera aislada; ambos deben colaborar de forma coordinada para aprobar las iniciativas de ley, ya sea para reformar, derogar, modificar o eliminar disposiciones establecidas en las normas e incluso en la constitución.

El derecho constitucional y el derecho parlamentario son las disciplinas jurídicas que se ocupan del estudio de los procesos legislativos y de las normativas que rigen el funcionamiento del poder legislativo. En los sitios oficiales del Senado de la República y de la Cámara de Diputados, es común encontrar cursos gratuitos y material bibliográfico de consulta para aprender más sobre la elaboración de leyes.

5.3.2. El Poder Judicial

Es común confundir a la policía judicial con el poder judicial, así como los ministerios públicos, la policía de investigación y las patrullas, con el poder judicial. Es importante no confundir estas entidades.

Este poder se encarga de impartir justicia, que nadie viole las leyes y que se respete la constitución. La corte resuelve controversias constitucionales (juicios que aclaran mediante la interpretación las disputas sobre competencias que otorga la constitución (y las leyes) así como acciones de inconstitucionalidad (juicios para revertir una disposición contraria a la constitución, por ejemplo, la pena de muerte aprobada en una entidad federativa).

Por su relevancia en una república democrática, el poder judicial debe gozar de independencia judicial, apartada de posturas político-electorales, para interpretar la constitución fuera de posturas ideológicas, partidarias y/o religiosas.

El poder judicial debe tomar decisiones de manera autónoma, libre y transparente, sin influencias externas del ámbito político, ya sea por presidentes o legisladores, ni tampoco tener presiones de los grupos de poder (grupos empresariales, asociaciones religiosas, partidos políticos, crimen organizado).

Cuando el poder legislativo adopta decisiones que contradicen lo establecido en la Constitución, el poder judicial tiene la facultad y autoridad legal para frenar reformas que vayan en contra de ella (Como se mencionó anteriormente, juicios por controversias y acciones de inconstitucionales). Del mismo modo, el presidente o presidenta de la República tiene la facultad constitucional para vetar leyes si considera que ponen en riesgo la soberanía de la nación o la integridad del pueblo.

En otros países, el poder judicial toma un papel similar al de la Suprema Corte de Justicia de la Nación de México; Estados Unidos de América tiene la Suprema Corte de los Estados Unidos, en Inglaterra la Suprema Corte del Reino Unido. En esencia, son los tribunales supremos para resolver conflictos entre los poderes del Estado e interpretar las leyes aprobadas.

En general, el poder judicial, o la Suprema Corte, tanto en México como en otros países que adoptan este modelo constitucional, tiene la función de interpretar la Constitución, resolver disputas entre las leyes federales y estatales, y, sobre todo, proteger los derechos de las personas, asegurando que ninguna autoridad viole estos derechos fundamentales.

5.3.3. El Poder ejecutivo

En una república democrática, el poder ejecutivo está representado por el presidente(a) o también por el primer ministro, quien es elegido democráticamente para actuar como el líder supremo de las fuerzas armadas y guiar las políticas de acuerdo con lo estipulado en la Constitución.

Aunque el presidente es la figura máxima del poder, es importante recordar que el poder supremo en una república se equilibra con otros poderes. El poder ejecutivo tiene un papel más prominente, ya que es responsable de ejecutar las políticas nacionales para toda la población. Este poder propone la asignación de recursos, mientras que el legislativo se encarga de aprobarlas. Además, el poder ejecutivo asume la responsabilidad de implementar políticas para mejorar las condiciones de salud, la educación, generar empleos dignos y garantizar la seguridad y la paz. Por ello, el trabajo del poder ejecutivo no es sencillo y requiere de especialistas que guíen las políticas en el país: el gabinete.

Dado que una sola persona no puede ser experta en todos los temas y áreas del gobierno, el presidente cuenta con un gabinete, un grupo selecto de profesionales especializados en diversas áreas. Este gabinete le ayuda a dirigir, diseñar y ejecutar políticas en distintos sectores de la administración pública, como salud, trabajo, ciencia, asuntos indígenas, agricultura, ganadería, energía, relaciones exteriores, educación, arte y seguridad pública, entre otros.

La denominación de los gabinetes varía según el país. En México, se les conoce como secretarías de Estado, mientras que, en otros países, como Estados Unidos, Canadá y el Reino Unido, se les llama ministerios.

El poder ejecutivo, por lo tanto, necesita de la Administración Pública para alcanzar sus objetivos. En el siguiente capítulo se explorarán los conceptos de Administración Pública, sus elementos y los enfoques que han surgido para priorizar al ciudadano como beneficiario de los servicios públicos.

Capítulo 6. ADMISTRACIÓN PÚBLICA E INNOVACIÓN GUBERNAMENTAL

6.1. La Administración Pública

Gobernar no se limita a tener buenas intenciones u ocurrencias; implica tomar decisiones, asignar recursos, planificar con base en diagnósticos y evaluar el impacto de las acciones gubernamentales. Todo esto es una tarea compleja que requiere conocimientos, metodologías y estrategias propias de la administración pública, así como de las ciencias sociales y económicas. La administración pública nace de la necesidad de profesionalizar las acciones del gobierno.

Para que las personas vivan felices y en bienestar se espera que al menos tengan cubiertas sus necesidades básicas: alimentación, vivienda, salud, trabajo, paz y tranquilidad. Para garantizar esos derechos, los gobiernos deben organizarse de la mejor manera para lograr los objetivos de sus políticas. Esa planeación, organización, dirección, control y evaluación forman parte de los elementos de la Administración Pública.

La administración pública se refiere tanto a las organizaciones formales del sector público como a las actividades que estas realizan en el ejercicio de la función administrativa, con el objetivo de satisfacer las necesidades de interés público y alcanzar los fines del Estado[131]. Los elementos fundamentales de la administración son la planeación, la organización, la dirección y el control. Algunos autores también proponen la evaluación como una etapa final en los procesos administrativos.

Esquema 18. "PODIC" o Etapas de la Administración

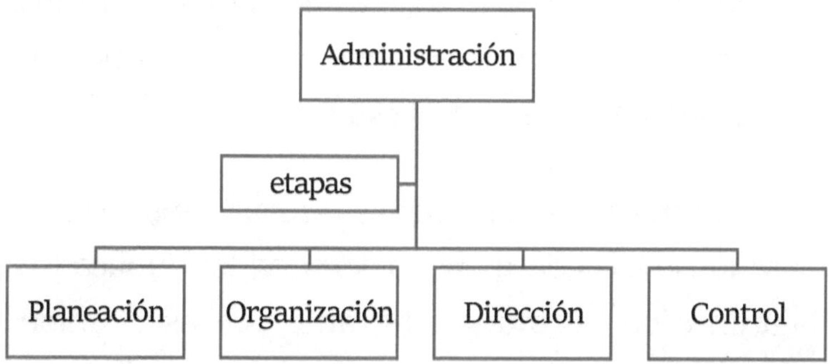

La planeación, como su nombre indica, implica establecer objetivos y metas, así como definir las actividades y acciones necesarias para alcanzarlas. Existen metodologías, como la planificación estratégica, que facilitan la creación de planes de trabajo. En la segunda etapa, la organización se

[131] De la Paz Sosa, J. G. (2017). Introducción a la administración pública mexicana. INAI.

centra en ordenar los recursos financieros, materiales, de infraestructura y de talento humano, con el fin de asignar tareas, obligaciones y responsabilidades, así como los insumos necesarios para desempeñar las funciones asignadas.

En la administración clásica, hay una relación vertical entre los jefes y los trabajadores. Por lo tanto, la dirección tiene la tarea de verificar el cumplimiento de los objetivos de la entidad pública, es decir, del gobierno, y establecer medidas gerenciales para prevenir conductas o acciones que se desvíen de los objetivos establecidos.

En la última etapa del control, se revisan los objetivos basándose en el desempeño del servidor público y en la utilización de recursos. Durante esta fase, también se realizan sugerencias para mejorar la práctica de los servidores públicos, quienes reciben retroalimentación y recomendaciones para su desarrollo. Además, el control permite identificar desafíos que deben ser atendidos para evitar que interfieran nuevamente con el buen desempeño de la función gubernamental.

Para que la administración pública funcione de manera óptima, es esencial asignar los recursos necesarios para el desempeño del personal, ofrecer capacitaciones continuas, utilizar tecnología de vanguardia y tener claridad sobre las funciones a desempeñar, basándose en manuales de procedimientos, diagramas de secuencia y códigos de ética profesional.

Cuando no se cuentan con los elementos necesarios para fomentar un desempeño óptimo en la administración pública, surgen estigmas que asocian a los trabajadores del gobierno con la pereza, la lentitud y la falta de capacidad resolutiva. Además, gran parte de la crítica hacia la burocracia se centra en la lentitud de los procesos, los costos elevados y, en algunos casos, el maltrato a los usuarios de los servicios administrativos.

La Secretaría de la Función Pública (Gobierno de México) contempla la Evaluación de la Gestión Gubernamental (EGG) a partir del análisis de diferentes componentes de la gestión, con el propósito de realizar una evaluación cuantitativa y cualitativa de la capacidad de las instituciones para aplicar sus recursos y transformarlos en resultados que cumplan sus objetivos estratégicos y metas institucionales[132]

Esquema 19. Pilares de la Evaluación de la Gestión Gubernamental

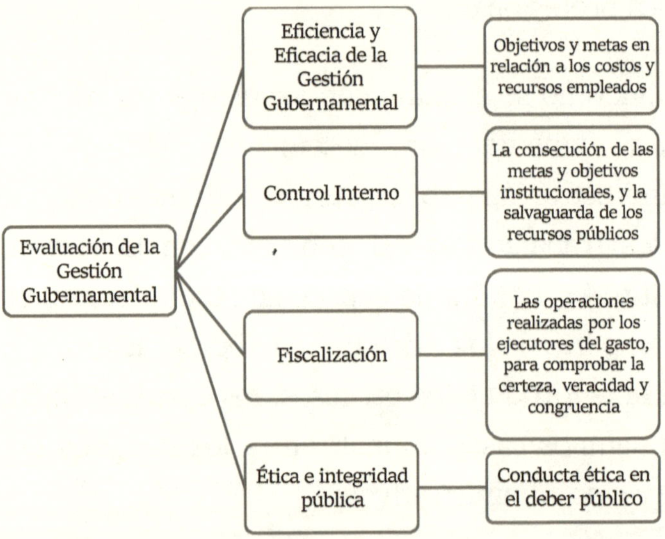

Los ciudadanos insatisfechos con los servicios gubernamentales a menudo expresan su descontento a través de una sanción política en las urnas electorales. Por ello, la administración pública ha buscado profesionalizarse para satisfacer las

---

[132] Secretaría de la Función Pública, Gobierno de México. (2021). *Evaluación de la gestión gubernamental: Informe de resultados 2021*. https://www.gob.mx/cms/uploads/attachment/file/839366/Informe_de_la_Evaluacion_de_la_Gestio_n_Gubernamental_2021.pdf

necesidades de la población y fomentar la legitimidad y una buena percepción pública.

6.2. La Nueva Gestión Pública

La administración pública clásica ha quedado obsoleta cuando no logra cumplir sus objetivos y, además, genera altos costos operativos para el gobierno. La crisis en la administración pública se presenta cuando los usuarios expresan su inconformidad, lo que lleva a sancionar el desempeño del gobierno.

En este contexto, surge la Nueva Gestión Pública (NGP), un enfoque que busca adoptar estrategias del sector privado, tratando al gobierno como si fuera una empresa. Esto implica tratar a los usuarios como clientes que merecen un servicio de calidad, eficiente, transparente y ágil. La NGP se estableció como el modelo de reforma adoptado globalmente para optimizar los resultados gubernamentales.

Inspirada en la teoría de la elección pública (*public choice*), este paradigma parte del supuesto de que los funcionarios actúan de manera racional. Propone, por tanto, fortalecer los mecanismos de control e implementar sistemas de pago por desempeño para incrementar la eficiencia en la gestión gubernamental. Basada en el enfoque gerencial, la NGP sostiene que para mejorar la administración es crucial brindar mayor flexibilidad y autonomía a las agencias y a sus altos directivos[133].

La Nueva Gestión Pública enmarca un conjunto de decisiones y prácticas administrativas destinadas a flexibilizar estructuras y procesos, así como a fomentar una mayor competencia en el sector público, con el objetivo de mejorar los resultados de la acción gubernamental y alcanzar un desempeño óptimo[134]. Este enfoque de gestión está estrechamente relacionado con las políticas públicas, lo que requiere metodologías que profesionalicen a los servidores públicos y a los gobiernos. Esto es esencial para diseñar, ejecutar y evaluar el impacto y el valor público que resultan de estas decisiones.

En México existe el Sistema de Evaluación del Desempeño (SED)[135] que reúne un conjunto de

---

[133] Morales Casetti, M. (2014). Nueva gestión pública en Chile: Orígenes y efectos. Revista de Ciencia Política (Santiago), 34(2), 417-438. https://dx.doi.org/10.4067/S0718-090X2014000200004

[134] Cardozo Brum, M. (2006). La evaluación de políticas y programas públicos: El caso de los programas de desarrollo social en México. Miguel Ángel Porrúa.

[135] El Portal de Transparencia Presupuestaria es el observatorio del gasto de la Secretaría de Hacienda y Crédito Público que promueve la rendición de cuentas y

elementos metodológicos utilizados para establecer los objetivos de los Programas y Políticas Públicas, medir sus avances, evaluar desde su diseño hasta sus resultados y mejorar su implementación. Está organizado en dos fases: el seguimiento y la evaluación[136].

Esquema 20. Fases del Sistema de Evaluación del desempeño (SED) gubernamental

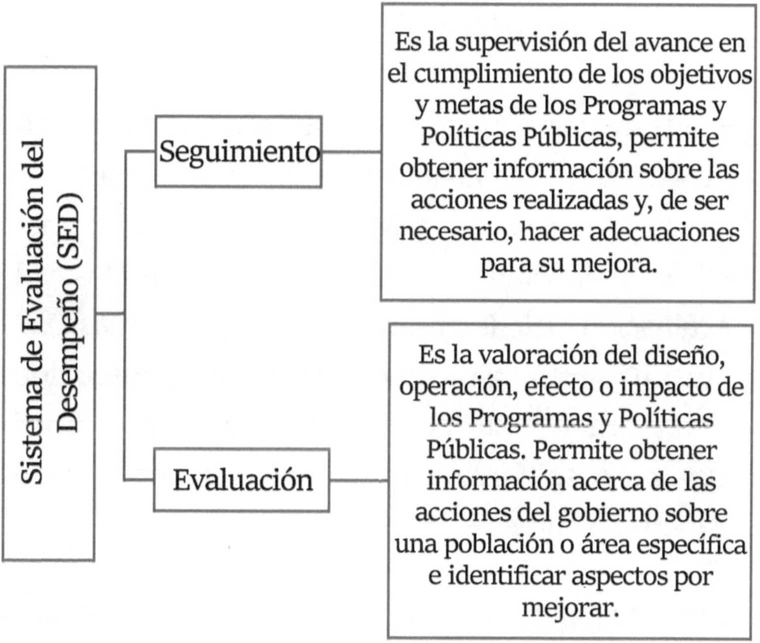

el acceso a la información en formatos abiertos para conocer el destino del gasto público.

[136] Transparencia Presupuestaria. (2024). Sistema de Evaluación del Desempeño. https://www.transparenciapresupuestaria.gob.mx/Sistema-Evaluacion-Desempeno

Los sistemas de evaluación son necesarios, con metodologías congruentes y trasparentes. El desempeño gubernamental, así como las políticas públicas, necesita instalarse en la cultura política democrática participativa, no meramente en consultas de opinión pública que se miden por aplausos o "likes" en redes sociales de los gobernantes.

6.3. Presupuesto Basado en Resultados

El presupuesto basado en resultados se vincula con las estrategias de la nueva gestión pública, partiendo de la premisa de asignar recursos de manera eficiente mediante la revisión de resultados y la evaluación del desempeño de los programas. Este enfoque está alineado con la responsabilidad financiera y fiscal de los gobiernos, con el fin de evitar el despilfarro en programas o proyectos que no generen resultados.

Esto no significa que se dejen de proporcionar recursos a programas que han fracasado; en cambio, implica la necesidad de rectificarlos y corregirlos antes de asignarles fondos públicos para que puedan cumplir con sus objetivos. Junto al Presupuesto basado en resultados existen otros instrumentos para la gestión del desempeño.

Entre los instrumentos adoptados para gestionar el desempeño se incluyen: la planeación estratégica, la gestión por resultados, los contratos de desempeño, los pagos vinculados al desempeño, el presupuesto basado en resultados, los *balanced scorecards* (cuadros de mando) y el *benchmarking* o evaluaciones comparativas, cuyo objetivo es facilitar la transferencia de conocimiento a partir de la identificación de mejores prácticas[137].

Esquema 21. Instrumentos para la Gestión de Resultados

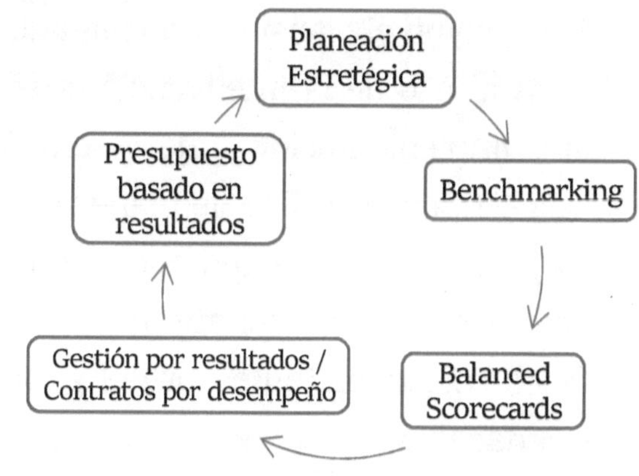

[137] Hammerschmid et al., 2013 y Kuhlmann y Jäkel, 2013, citados en Guerra Osorno, Irma. (2016, 19 de abril). Gestión pública: Instrumentos de gestión del desempeño. http://administracionpublica.cide.edu/instrumentos-de-gestion-del-desempeno/

6.4. Tecnología e innovación para el Gobierno

Sin duda, los gobiernos deben actualizarse y adoptar tecnologías de la información y la comunicación para mejorar su desempeño. El uso de la tecnología les permite avanzar en áreas como la transparencia y la rendición de cuentas, así como fomentar un gobierno abierto y participativo.

A través de la tecnología, se busca desarrollar estrategias que faciliten el acceso de la población al gobierno, promoviendo así la accesibilidad, la inclusión y la participación ciudadana en la toma de decisiones.

Algunos servicios, como el tránsito y la vialidad, han mejorado gracias al uso de la inteligencia artificial. Mediante la implementación de semáforos inteligentes, se gestiona el tráfico de manera que se ahorra tiempo y gasolina, al tiempo que se reducen las emisiones contaminantes de los automóviles. Esto genera beneficios colectivos tanto para el gobierno como para la ciudadanía.

Otro ejemplo es la implementación de sistemas de pago en línea, que permiten a las personas realizar, a través de internet o aplicaciones móviles, el pago de servicios como agua, electricidad e impuestos. Esto agiliza los trámites, ahorra tiempo a los usuarios y les facilita cumplir con sus obligaciones ciudadanas de manera práctica.

La innovación gubernamental requiere creatividad para resolver problemas y tomar decisiones que optimicen recursos[138]. Dado que los gobiernos a menudo carecen de los recursos necesarios para abordar las demandas sociales (sobre todo los gobiernos locales), la innovación se convierte en una forma de desarrollar estrategias que enfrenten estas problemáticas utilizando los recursos disponibles o implementando soluciones sostenibles que no pongan en riesgo el presupuesto ni generen deuda.

---

[138] Cejudo, G. M., Dussauge Laguna, M. I., & Michel, C. L. (2016). *La innovación en el sector público: Tendencias internacionales y experiencias mexicanas* (Primera ed.). INAP y CIDE.

A MANERA DE CIERRE

Es probable que este libro te haya dejado más preguntas que respuestas, y si es así, ha cumplido con su objetivo: despertar tu interés o curiosidad por el conocimiento de la política y el gran mundo de conocimientos alrededor de ella.

Desafortunadamente, un solo libro no basta para profundizar en todos los temas que abarca esta disciplina. Como seguramente habrás notado, la política tiene muchas áreas de especialización, tales como la economía política, la administración pública, el derecho constitucional, la gestión de organizaciones políticas, la administración de instituciones electorales y la educación para promover la cultura política, por mencionar algunas disciplinas que se derivan y apoyan la tarea política...

La política es el resultado de siglos de reflexión sobre cómo lograr la mejor convivencia entre los seres humanos, con el objetivo de alcanzar el bienestar colectivo y asegurar el bienestar de todos y todas. A lo largo de la historia, hemos enfrentado eventos que han transformado nuestras formas de organización social y política. La Revolución Industrial, por ejemplo, trajo profundos cambios en los modos de vida y trabajo, mientras que las guerras mundiales modificaron de manera sustancial las políticas económicas y las ideologías que moldearon a diversas naciones.

En este momento de la historia, enfrentamos guerras civiles, desplazamientos humanos y gobiernos cooptados por el crimen organizado. Las economías globales fomentan desigualdades, y un capitalismo voraz consume nuestros recursos naturales, perpetuando la explotación y la pobreza en beneficio del enriquecimiento de grandes corporaciones internacionales.

En países socialistas, la represión de las libertades, la militarización y la dependencia de políticas gubernamentales mantienen a las sociedades en un estado de insurrección y temor constante. La situación no es positiva; la política, en su esencia, no ha cumplido su propósito. Por ello, involucrarse en la política ya no es solo un asunto de interés, sino una responsabilidad tanto individual como social.

Algunos libros que te recomendamos leer para profundizar en temas políticos

1. *Política, Aristóteles*
2. *La República (Los Diálogos), Platón*
3. *El Príncipe, Nicolás Maquiavelo*
4. *Leviatán, Thomas Hobbes*
5. *El Contrato Social, Jean Jacques Rousseau*
6. *Del Espíritu de las Leyes, Montesquieu*
7. *Dos tratados sobre el gobierno, John Locke*
8. *Democracia en América, Alexis de Tocqueville*
9. *Teorías de las Élites, Mosca, Pareto y Michaels*
10. *El Capital, Karl Marx y Engels*
11. *El 18 brumario de Luis Bonaparte, Karl Marx*
12. *Manifiesto del partido socialista, Karl Marx*
13. *Rebelión en la Granja, George Orwell*
14. *Anarquismo y anarquía, Errico Malatesta*
15. *Los partidos políticos, Mauricio Duverger*
16. *La Política, Giovanni Sartori*
17. *Utopía, Thomas Moro*
18. *El nacimiento de la biopolítica, Michel Foucault*

Distopias (Sociedades imaginarias):

1. *Un mundo feliz, Aldous Huxley*
1. *1984, George Orwell*
2. *Fahrenheit 451, Ray Bradbury*
3. *Los juegos del hambre, Suzanne Collins*
4. *La Naranja mecánica, Anthony Burgess*
5. *Ensayo sobre la ceguera, José Saramago*

Referencias bibliográficas

Abarca Rodríguez, A. (2023). Las políticas públicas como perspectiva de análisis. Revista De Ciencias Sociales, (97), 95–103. Recuperado a partir de https://www.revistas.ucr.ac.cr/index.php/sociales/article/view/56444

Abramovitz, M. (2011). El Estado de bienestar estadounidense: un campo de batalla por los derechos humanos. En S. Hertel y K. Libal (Eds.), Derechos humanos en los Estados Unidos: más allá del excepcionalismo (pp. 46-67). Cambridge: Cambridge University Press.

Ackerman Rose, JM, et al. (2024). *El árbol de la democracia: Una introducción al pensamiento sobre la democracia a través de 140 autores y autoras y 10 conceptos clave.* https : arboldeladem.cuaieed.un.mx /wp - contenido/subidas/202/09//El -ar-de -la-democracia com.pdf

Adamson, E. (1993). "La naturaleza de la cultura", en Harry Shapiro (Ed.), *Hombre, Cultura y Sociedad*. México: FCE. PP. 231-245

Aguilar, L. (2010). Política pública: Siglo XXI.

Alcívar López, Natividad De Lourdes, Montecé Giler, Salomón Alejandro, & Montecé Giler, Luis Alfredo. (2021). La igualdad y el feminismo. Dilemas contemporáneos: educación, política y valores, 9(spe1), 00076. Epub 31 de enero de 2022.https://doi.org/10.46377/dilemas.v9i.2984

Guerra Orosno, Irma. (2016, 19 de abril). Gestión pública: Instrumentos de gestión del desempeño.

http://administracionpublica.cide.edu/instrumentos-de-gestion-del-desempeno/

Álvarez Texocotitla, Miguel. (2019). La Doctrina del Mercado Libre desde una perspectiva política. *Polis, 15*(1), 143-172. Recuperado en 16 de octubre de 2024, de http://www.scielo.org.mx/scielo.php?script=sci_arttext&pid=S1870-23332019000100143&lng=es&tlng=es.

Arendt, H. (1997). *¿Qué es la política?* Ed. Paidós.

Arroyave Alzate, S. (2010). Las políticas públicas en Colombia. Insuficiencias y desafíos. FORUM, (1)

Bardach, Eugene. 1998. Los ocho pasos para el análisis de políticas públicas. Un manual para la práctica. México: emE-Miguel Ángel Porrúa. Cardozo Brum, Myriam. (2013). Políticas públicas: los debates de su análisis y evaluación. Andamios, 10(21), 39-59.

Beauvoir, S. de. (2016). *El segundo sexo* (Spanish edition)

Bolívar Meza, R. (2002). La teoría de las élites en Pareto, Mosca y Michels. *Iztapalapa: Revista de Ciencias Sociales y Humanidades*

Bornhauser, N., & Lorca, D. (2019). Notas para una caracterización del fascismo. *Ideas y Valores, 68*(169), 61-81. https://doi.org/10.15446/ideasyvalores.v68n169.63303

Borzel, Tanja. 1998. "Organising Babylon: on the different conceptions of policy networks". Public Administration (76) 2: 253-73.

Bruce Gilley, "The Meaning and Measure of State Legitimacy: Results for 72 Countries", European Journal of Political Research, 45, 3 (2006), pp. 499-525.

Cardozo Brum, M. (2013). Políticas públicas: los debates de su análisis y evaluación. Andamios, 10(21), 39-59.

Carmen López, Emilio del. (2022). Gobierno abierto y cultura de la legalidad. Hacia una propuesta de política pública en la Ciudad de México. *Estudios en derecho a la información*, (13), 3-34. Epub 14 de octubre de 2024.https://doi.org/10.22201/iij.25940082e.2022.13.16377

Carpizo, Jorge. (2011). La República democrática en la Constitución mexicana. Boletín mexicano de derecho comparado, 44(132), 1047-1083. Recuperado en 10 de octubre de 2024, de http://www.scielo.org.mx/scielo.php?script=sci_arttext&pid=S0041-86332011000300003&lng=es&tlng=es

Casar, María Amparo y Claudia Maldonado. (2009). Formación de agenda y procesos de toma de decisiones: una aproximación desde la ciencia política. En Mauricio 155 Merino et al., Enfoque de Política Pública. Centro de Investigación y de Docencia Económicas A.C. (CIDE), México.

Cejudo, G. M., Dussauge Laguna, M. I., & Michel, C. L. (2016). *La innovación en el sector público: Tendencias internacionales y experiencias mexicanas* (Primera ed.). INAP y CIDE.

Comisión Nacional para Prevenir y Erradicar la Violencia Contra las Mujeres. (2019, 10 de enero). ¿Qué es el techo de cristal y qué pueden hacer las empresas para impulsar la igualdad de género? https://www.gob.mx/conavim/articulos/que-es-el-techo-de-cristal-y-que-pueden-hacer-las-empresas-para-impulsar-la-igualdad-de-genero?idiom=es

Cosse Isabella. "Ese monstruito": Mafalda, generaciones y género en una construcción mítica. Rev.latinoam.cienc.soc.niñez juv [Internet]. 2016 Jul [citado 2024 Oct 20] ; 14(2): 1549-1561. Disponible en: http://www.scielo.org.co/scielo.php?script=sci_arttext&pid=S1692-715X2016000200046&lng=es. https://doi.org/10.11600/1692715x.14245210915.

de la Garza Talavera, Rafael. (2011). Las teorías de los movimientos sociales y el enfoque multidimensional. Estudios políticos (México), (22), 107-138. Recuperado en 20 de octubre de 2024, de http://www.scielo.org.mx/scielo.php?script=sci_arttext&pid=S0185-16162011000100007&lng=es&tlng=es.

De la Paz Sosa, J. G. (2017). Introducción a la administración pública mexicana. INAI.

De Vroey, Michel. (2009). El liberalismo económico y la crisis. Lecturas de Economía, (70), 11-38. Retrieved October 23, 2024, from http://www.scielo.org.co/scielo.php?script=sci_arttext&pid=S0120-25962009000100001&lng=en&tlng=es.

Díaz Gómez, Á., (2003). Una discreta diferenciación entre la política y lo político y su incidencia sobre la educación en cuanto a la socialización política. Reflexión Política, 5(9) [fecha de Consulta 27 de Febrero de 2023]. ISSN: 0124-0781. Recuperado de: https://www.redalyc.org/articulo.oa?id=11000904

Dupont, Silvia, et al. (1988). Los teóricos de las élites: La afirmación del poder.. Estudios Políticos; Nva. Época

Vol. 7 Núm 4; 1988. Recuperado de https://repositorio.unam.mx/contenidos/48454

Dwivedi, OP, Khator, R., Nef, J. (2007). Democracia, gobernabilidad y gobernanza. En: Managing Development in a Global Context. Palgrave Macmillan, Londres. https://doi.org/10.1057/9780230627390_10

Eufracio Jaramillo, Jorge Federico (2017). La cultura y la política en la cultura política. Nueva Antropología, XXX(86),101-119.[fecha de Consulta 1 de Octubre de 2022]. ISSN: 0185-0636. Disponible en: https://www.redalyc.org/articulo.oa?id=15954569006

Fernández-Santillán, José. (2018). Valor público, gobernanza y Tercera Vía. Convergencia, 25(78), 175-193. https://doi.org/0.29101/crcs.v25i78.10373

Flores Andrade, A. (2024). El principio de división de poderes. Una revisión crítica. Cuestiones Constitucionales. Revista Mexicana De Derecho Constitucional, 25(51), E17162. https://doi.org/10.22201/iij.24484881e.2024.51.17162

Franco, Julio. (2012). Diseño de Políticas Públicas. Ed. IEXE.

García García, Jesús. (2014). Gobierno abierto: transparencia, participación y colaboración en las Administraciones Públicas. *Innovar*, *24*(54), 75-88. https://doi.org/10.15446/innovar.v24n54.46441

García Jurado, Roberto. (2008). El método comparativo de Gabriel Almond. Estudios políticos (México), (13-14-15), 91-109. Recuperado en 26 de octubre de 2024, de http://www.scielo.org.mx/scielo.php?script=sci_arttext&pid=S0185-16162008000100091&lng=es&tlng=es.

Gaudreault-DesBiens, Jean-François. (2006). Federalismo y Democracia. Boletín mexicano de derecho comparado, 39(117), 671-691. Recuperado en 20 de octubre de 2024, de http://www.scielo.org.mx/scielo.php?script=sci_arttext&pid=S0041-86332006000300003&lng=es&tlng=es.

Goldman, R. (2016, 10 de agosto). Así funciona la monarquía japonesa, una de las más antiguas del mundo. Los New York Times .https : //www.n.com/es//2016 /08//10 /español /monarquía-j.html

Hammerschmid, G., Van de Walle, S., & Stimic, V. (2013). Internal and external use of performance information in public organizations: Results from an international survey. *Public Money and Management, 33*(4), 261-268.

Hugo, V. (2013). *Los miserables*. EDHASA.

Huxley, A. (1932). *Un mundo feliz*.

Instituto Federal Electoral. (2009). Sistemas políticos y electorales contemporáneos: Corea del Sur (Pedro Aguirre, Coord.). Primera edición.

Instituto Mexicano de Contadores Públicos. (2019, 20 de marzo). *4 puntos clave para entender el neoliberalismo en México*. https:https : //imcp.o.mx /4 -puntos -cla-Pensilvania-enten-el--neoliberalismo -en -mexico/

Jahan, S., Mahmud, A. S., & Papageorgiou, C. (2014). ¿Qué es la economía keynesiana? *Finanzas & Desarrollo*

Knoll, Manuel. (2017). Aristóteles y el pensamiento político aristocrático. Revista de filosofía, 73, 87-

106. https://dx.doi.org/10.4067/S0718-43602017000100087

Kuhlman, S., & Jäkel, T. (2013). Competing, collaborating or controlling? Comparing benchmarking in European local government. *Public Money and Management, 33*(4), 269-276.

La Rosa Rodríguez Emilio. Los conflictos de intereses. Acta bioeth. [Internet]. 2011 Jun [citado 2024 Oct 19] ; 17(1): 47-54. Disponible en: http://www.scielo.cl/scielo.php?script=sci_arttext&pid=S1726-569X2011000100006&lng=es. http://dx.doi.org/10.4067/S1726-569X2011000100006.

Landívar Mosiño, CE (2011). El límite al poder político como función primordial de la constitución. *Iuris Tantum Revista Boliviana de Derecho* , (1http ://www.scielo .org.bo /sc.pag¿?scr=ciencia arte&pid =S-81572011000100o&lng =es &tlng =es .

Lechón Gómez, Domingo Manuel, & Mena Farrera, Ramón Abraham. (2019). El hacktivismo e Internet como territorio en disputa. Una mirada desde los marcos de acción colectiva. Estudios políticos (México), (48), 115-131. Epub 04 de junio de 2020.https://doi.org/10.22201/fcpys.24484903e.2019.48.70423

Lobelle Fernández, Gretel. (2017). Políticas públicas sociales: apuntes y reflexiones. Alcance, 6(14), 81-96. Recuperado en 11 de octubre de 2024, de http://scielo.sld.cu/scielo.php?script=sci_arttext&pid=S2411-99702017000300006&lng=es&tlng=es.

Loewenstein, K. (1986). *teoría de la constitución.*

Malatesta, E. (1977). *Anarquismo y anarquía*. Ediciones de la Flor.

Martínez, A. (2022, febrero 28). Los ataques más impactantes de Anonymous en su historia. GQ México. https://www.gq.com.mx/entretenimiento/articulo/anonymous-y-sus-ataques-mas-importantes

Martínez Heredia, F. (2005, marzo). Socialismo. Conceptos y fenómenos fundamentales de nuestro tiempo. UNAM

Martínez Puón, Rafael. (2011). El péndulo del Estado: la vuelta a los fundamentos de su intervención. Revista mexicana de ciencias políticas y sociales, 56(213), 71-92. Recuperado en 16 de octubre de 2024, de http://www.scielo.org.mx/scielo.php?script=sci_arttext&pid=S0185-19182011000300004&lng=es&tlng=es.

Marx, K., & Engels, F. (1848). El Manifiesto del Partido Comunista [Manifest der Kommunistischen Partei]. Liga de los Comunistas.

Mazurek, H. (2009). Introducción. Gobernabilidad y gobernanza: El aporte para los territorios en América Latina. En H. Mazurek (Ed.), Gobernabilidad y gobernanza de los territorios en América Latina (pp. 13-29). Editorial Instituto Francés de Estudios Andinos.

Méndez, J. L. (2020). Políticas públicas: Enfoque estratégico para América Latina. El Colegio de México.

Montero Bagatella, Juan Carlos. (2012). Gobernabilidad: Validez/Invalidez o moda del concepto. *Revista mexicana de ciencias políticas y sociales*, *57*(216), 09-23. Recuperado en 21 de octubre de 2024, de http://www.scielo.org.mx/scielo.php?script=sci_arttext&pid=S0185-19182012000300001&lng=es&tlng=es.

Nohlen, D. (2006). Diccionario de Ciencia Política: teorías, métodos, conceptos. Porrúa.

Ortiz Leroux, Sergio. (2007). República y republicanismo: una aproximación a sus itinerarios de vuelo. Argumentos (México, D.F.), 20(53), 11-32. Recuperado en 09 de octubre de 2024, de http://www.scielo.org.mx/scielo.php?script=sci_arttext&pid=S0187-57952007000100001&lng=es&tlng=es.

Orwell, G. (2003). Rebelión en la granja. Debolsillo. (*Original work published* 1945).

Orwell, G. (1949). *1984*.

Ramírez, S. (2023, 7 de junio). Claves para entender qué es el Fobaproa y por qué se sigue pagando. Expansión Política .https ://p.expansión.mx / m/20/06//07//que -es -el -fobaproa

Raziel, Z. (2024, 13 de octubre). Los nuevos escándalos de corrupción de Segalmex entorpecen el plan de Sheinbaum de bajar el perfil de la paraestatal. https ://elpais.com/México//2024 -10 -14/los-nuevos--escándalo-Delaware-corrup-Delaware-segmento-entorpec-el-plan-Delaware-Sheinbaum-de -b-el-perfil-Delaware-la-paraestatal.html

Redacción AN. (2014, 9 de noviembre). *La Casa Blanca de Enrique Peña Nieto (investigación especial).* https : //aristeguinoticias.com/091/metro/la-do-licenciado en Derecho-Delaware-es-pena -n

Robinson, Joan. (2022). Marx, Marshall y Keynes: tres criterios sobre el capitalismo. *El trimestre económico, 89*(356), 1175-1195. Epub 30 de enero de 2023.https://doi.org/10.20430/ete.v89i356.1663

Rodríguez Casallas, Diego Fernando. (2016). La clave anarquista en el pensamiento de Michel Foucault*. Justicia, (30), 96-106. https://doi.org/10.17081/just.21.30.1352

Sánchez Ibarra, G. (2024, 7 de marzo). 8M: Las 4 olas del feminismo, su tiempo y evolución . Laroussehttps ://lar.mx/sociedad-y -c/8-las-4-olas -del -femin-su-tiempo-y -evolución

Sandoval-Almazán, Rodrigo. (2015). Gobierno abierto y transparencia: construyendo un marco conceptual. *Convergencia*, 22(68), 203-227. Recuperado en 20 de octubre de 2024, de http://www.scielo.org.mx/scielo.php?script=sci_arttext&pid=S1405-14352015000200203&lng=es&tlng=es.

Schwartz SA. (2024) Consciousness, authoritarianism, and political violence. Explore (NY). doi: 10.1016/j.explore.2024.05.007. Epub 2024 May 17. PMID: 38772760.

Squella, Agustín. (2019). Liberalismos. ARQ (Santiago), (101), 146-149. https://dx.doi.org/10.4067/S0717-69962019000100146

Sartori, G. (1998). *Homo videns: La sociedad teledirigida* . Tauro.

Tavera Fenollosa, Ligia. (2020). El enfoque de la movilización legal en el estudio de los movimientos sociales. Revista mexicana de ciencias políticas y sociales, 65(239), 223-232. Epub 31 de enero de 2021.https://doi.org/10.22201/fcpys.2448492xe.2020.239.75457

Transparencia Presupuestaria. (2024). Sistema de Evaluación del Desempeño.

https://www.transparenciapresupuestaria.gob.mx/Sistema-Evaluacion-Desempeno

Paz, Octavio. (1998). El ogro filantrópico

Peschard, Jaqueline. (1994). La Cultura Política Democrática, Dirección Ejecutiva de Capacitación Electoral y Educación Cívica del IFE, México.

UNESCO. (Dakota del Norte). Tendencias mundiales en materia de libertad de expresión y desarrollo de los medios de comunicación: Índice global de democracia .https ://www.Naciones Unidas.org/es/mundo-medios -tr/global-democracia-índice

Universidad Nacional Autónoma de México. (2024). *Árbol de la Democracia* .https : //arboldelademocracia.c.unam.mx

Valenti Nigrini, G., & Flores Llanos, U. (2009). Ciencias sociales y políticas públicas. Revista Mexicana de Sociología, 71(spe), 167-191.

Vallejo-Nágera, M. (2014). *La nodriza.* B DE BOOKS.

Vázquez Fernández, Salvador. (2017). Jürgen Kocka, Historia del capitalismo. Estudios sociológicos, 35(105), 701-704. Recuperado en 15 de octubre de 2024, de http://www.scielo.org.mx/scielo.php?script=sci_arttext&pid=S2448-64422017000300701&lng=es&tlng=es

Weber, M. (1919). El político y el científico. Universidad Nacional de General San Martín. Consultado el 17 de octubre de 2024.

WikiLeaks. (2015, 3 de noviembre). ¿Qué es WikiLeaks? https://wikileaks.org/What-is-WikiLeaks.html

Zermeño, S. (2003). México: una democracia utópica. El movimiento estudiantil del 68. Siglo XXI.

Zepeda Rodríguez , L. F., & Tello Ibarra, J. V. (2024). Agua embotellada: contemplaciones sanitarias entre el derecho humano a la salud y la industria privada. Cuestiones Constitucionales. Revista Mexicana De Derecho Constitucional, 26(52), e19558. https://doi.org/10.22201/iij.24484881e.2025.52.19558

Filmografía

Caro, N. (Directora). (2017). The Zookeeper's Wife [Película]. 20th Century Fox.

DeMonaco, J. (Director). (2013). La Purga [Película]

Gavron, S. (Directora). (2015). *Las sufragistas* [Película]. Reino Unido: Pathé, Film4 Productions.

Ginsberg, D., Laufer, J., Bell Pasht, J., Dinklage, P., & Bekhor, J. (Productores). (2021). Cómo se convirtieron en tiranos [Serie-Documental]. Netflix.

Herman, M. (Director). (2008). The Boy in the Striped Pyjamas [Película]. Miramax..

Lasseter, J., y Stanton, A. (Directores). (1998). Bichos [Película]: Disney Pixar

Melfi, T. (Director). (2016). *Hidden Figures* [Película]. Estados Unidos: 20th Century Fox.

Minkoff, R., & Allers, R. (Directores). (1994). El rey león [Película]: Disney

Sobre el autor

Jordan Vladimir Tello Ibarra

(Tepic, Nayarit; 27 de junio de 1993)

Politólogo y Doctor en Ciencias Sociales por la Universidad Autónoma de Nayarit, México. Sus investigaciones se han publicado en revistas científicas y en capítulos de libros de Universidades de México (UNAM, FLACSO, COLMICH, Universidad de Guanajuato), de Argentina (Universidad Nacional de La Plata, Universidad Nacional del Nordeste) y de Costa Rica (Universidad de Costa Rica).

En 2019 y 2023 ganó la Medalla Nayarit a la Investigación Científica y Tecnológica en el Área de Ciencias Sociales y Económicas, otorgada por el Congreso del Estado de Nayarit y el Consejo de Ciencia Estatal. Premio Estatal de la Juventud, Nayarit 2019.

Actualmente es presidente del Instituto de Investigaciones Políticas y Gubernamentales A.C. *"Política con Limón y Sal"* es su primer libro publicado.

Contacto:
vladimir.tello@uan.edu.mx

www.ingramcontent.com/pod-product-compliance
Lightning Source LLC
LaVergne TN
LVHW091410190726
843491LV00006B/1357

* 9 7 8 6 0 7 2 9 6 2 9 4 1 *